③Yellow Stone
④双安商場
⑤国家図書館
⑥北京日本学研究センター
⑦首都体育館
⑧北京展覧館劇場
⑨北京師範大学
⑩張群家
⑪鼓楼
⑫中央戯劇学院
⑬過客
⑭首都劇場
⑮新東安市場
⑯国話大楼
⑰東方新天地
⑱北京飯店
⑲北京図書大廈

人・もの・街の88話

北京閑話

白井啓介
Keisuke Shirai

大修館書店

まえがき

私が最初に北京を訪れたのは、一九七五年の三月だった。大学三年の終わりを迎えた私は、東日本学生訪中団というグループを組んで団体旅行として初の中国行を体験した。当時、日本と中国の国交は回復したものの、まだ個人旅行などできなかったし、そんな発想を持つことさえ、夢のような時代だった。なにしろ空港の出国手続きの際、出国カードに観光と記した一員が、審査官から「ほうっ、中国は観光に行くところですか」と言われるほどの頃だった。

もちろん、当時の通例として、中国の躍進する姿を「学び」に行くのであるから、現代中国と日中の戦争を含めた歴史についての「学習会」を積み重ねた上での旅立ちだ。

黄砂のために予定が一日遅れて飛び立ったパキスタン航空機は、夕刻、北京に到着した。まだ高速道路のない時代ののどかな、そして真っ暗な道路に揺られた後、投宿したのは北京飯店だった。夕食後、各自に割り当てられた部屋に落ち着いた頃、誰かの部屋から歓声が上がった。皆でその部屋に駆けつけると、窓から金色に輝く甍が見える。

「これ、天安門じゃない⁉」

王府井側の新館が、当時は高級な部屋で、私たちに割り当てられたのは旧館（今の「貴賓楼飯店」）だった。

「ちょっと待てよ、この窓の方角からいうと、こっちに見えるのは……」と、地図を引っ張り出し、乏しい土地勘、方位感を寄せ集め、しばし皆で額を寄せ合って思案した。

「間違いない、これ、天安門だ！」

この時の天安門は、今ほどきれいにライトアップされていなかったと思うが、それでもすっかり暮れた夜空の下、ほのかな灯火に照らされて金色の甍が光り輝いていた。その後、天安門を見る機会は数え切れないほどあったが、この時ほど、輝きをもった映像として私の心に深く刻まれた天安門はなかった。

三〇年後、私は、北京に一年間赴任することとなった。国際交流基金の派遣で、基金が運営する北京日本学研究センターの主任教授を務めるためだ。

三〇年の間、私は何度も北京を訪れている。だが、私の同世代の多くがそうであるように、留学で長期に滞在する機会は、得られずじまいだった。私が学部の学生だった頃、留学はごく一部の限られた層にのみ許されていたが、そんな現実味の薄い遠い世界の話は、そもそも考えることも自体、無駄なことだった。大学院の終わり頃、ようやく一般選抜による留学が可能になったが、それが広まる頃、私は就職する時期になってしまっていた。

就職後、務め先の大学の仕事として、学生の短期研修の引率や、大学間の交流協定の交渉などで、何度も北京を訪れた。日中間の学術交流が盛んになるにつれ、学会やシンポジウム等で北京に出向くことも多くなった。ただ、務めた大学が、天津の南開大学と協定を結んでいたため、出向くことが多いのは天津という事情もあり、私は、北京で長期間過ごすのは、これが初めてだった。知っているようでいて、実は土地勘も乏しく東西南北も覚束ない。街の配置や実相についても、ガイドブック的な了解しかない。気候風土や街の空気については、生活上の実体感がほとんどない状態だった。地図では理解しているが、自分の足で歩いて体得した感覚がないのだ。

そんな心許ない思いのまま、主任教授として組織を代表し、折衝し、決断を下す立場に立つことになった。あるいは、日本から派遣される日本文化、語学、社会等が専門の先生方に、日本学研究センターの責任者として対処せねばならない。

二五年間教員暮らしをしてきた私は、北京暮らしが始めてであっただけでなく、そもそもオフィスワークが初めての体験だった。中国語では〝坐班〟と言うが、まったくそのことばのとおり、朝九時から夕方五時過ぎまで、月曜日から金曜日まで、定時に出勤して主任教授室に座っていなければならない。何か着想が浮かんで、調べ物をして執筆に入り込もうとしても、来客があれば応対し、決済のサインを求められれば、書類に目を通さねばならない。日本学研究センターの運営について、日々心に留め、解決に向けてあちこちと折衝し、国際交流基金と緊密に連絡を取りつつ改善に努める。日本の政府筋の来訪がある際は、在外機関の務めとして、土日であろうと早朝夜間であろうと応接し、日本学研究センターの歴史と現況、成果と課題をきちんと説明できなければいけない。

そういう不慣れな土地で慣れない職務に就きつつ、日々に見聞きし、感じたこと、印象を記して、日本の勤務先大学のホームページに「通信」として寄稿した記事が、本書のもととなっている。北京での日常生活の日記であり、業務外のオフタイムの記録でもある。

今から考えると、この通信を書き送ることが、自分自身を見失いそうな危うさの中にあった私にとって、一種の「お助け小屋」であり、研究者として、また観察者としての自分を取り戻し確認する安全装置であったろうか。正直に言うと、赴任早々の私は、職責の重圧と激変した人間関係、慣れない職務形態のため、いささか不安定な精神状態に陥りかけていた。最初に通信を送ったのが着任早々の四月三日だったが、これを記述し送信できたことで、自分の心の置き所に筋道がついた、そんな落ち着き感を得たのだった。

こうして記し始めた通信のため、もとは、日々に感じたこと、見聞きしたこと、考察したことをそのつど送信し、特にテーマも定めず、まさにその時々に思い浮かぶ「随感」であり、時系列での記述だった。本書は、このようにして書き送った九〇余篇の中から選択し、話題別、類縁項目ごとに分けて編んだ。さらに、「余墨点滴（墨の余りのしずく）」として、この「随感」に対する補充、注記、蛇足を加えた。

また、今回本書にまとめるにあたって、書きためながら、時期を逸したり、別の話題を優先させたり等の理由で、ついに寄稿するにいたらなかった記事も加えた。いわば、「蔵出し」である。これを加えて、空模様から人間模様、路上観察から観劇記、北京の街で折に触れて感じた雑感から心に残るさまざまのできごと等にいたる、北京をめぐる総計八八篇の「閑話」となった。

読者にとっては、一つ一つの話題すべてが初見、未知のことではないかも知れない。ただ、こうして八八篇の北京をめぐる話、日常の中に見える人々の行動様式やことばの使われ方、街中で見かけるさまざまな事物や現象の背後にある由来等に対する私の観察や考察を通覧することで、それぞれの事象や人間模様に通底する北京という個性を感得できるのではないか、と夢想する。さらには、現在の中国と日本との関わり方や中国文化、社会の根底を考えるための一助となれば、と密かに期待する。

著者

二〇〇八年五月四日

北京閑話——人・もの・街の88話

もくじ

X. 温もりと安らぎ——身も心もホッと一息 204

本文中写真 明記したもの以外はすべて著者撮影

I

移ろう季節の中で

今日から夏！

四月最後の火曜日、気温が突然三〇度を超えた。朝晩はまだ一〇～一五度くらいだが、昼間の最高気温はゆうに三〇度を超える。三〇度を超えるって、日本では普通六月から七月だろうに。日本も最近は、五月に夏のような暑さを迎えることがあるとはいうものの、こんなに劇的ではない。しかも、つい二週間前まで、ようやく春の陽気になって、浮き浮きしてきたと思っていたところなのに、だ。北京の春は、聞きしに勝る短かさだ。中国人の先生が、今日から夏ですね、なんて平気な顔をして言っていたのには驚いたが、数日様子を見ていると、やはり

「今日から夏」なのだった。もっとも、この先生よほどの寒がりなのか、その時もまだ股引を穿いていたのを私は見逃してはいない。

四月の初め、少し春めいてきたので、長袖のダンガリーシャツを求めてカジュアル系衣料店を回ったが、どこもすでに半袖ばかりで、なかなか長袖が見つからなかった。どういうんだろうね、長袖は着ないのかね~なんて思っていたが、その理由が、突然の夏の襲来でようやく飲み込めた。中途半端な長袖シャツなんか、この街には要らないのだ。だって、長袖を着てウロウロしている時間などないのだ。こんなにすぐ、突然夏になってしまうのだもの。今や、北京は初夏の汗ばむ空気に包まれている。今週末からは

ほんの二週間前、玉淵潭公園では桜祭。
同じ日、北京の東側では反日デモが行なわれた ———

メーデーの大型連休。この連休中に、遅ればせながら半袖シャツを調達しておかないといけない。

余墨点滴

中国では、一九九九年から、メーデー後の三日間を連休とし、その前後の土日を振り替える形で一週間の休日を取るようにした。実際は、各学校や職場の裁量で前後の土日も含めて七〜九日間の連休として運用。これが次第に「黄金周」と呼ばれるようになった。春の連休に対応する形で、秋には一〇月一日の「国慶節」（建国記念日）を挟んだ一週間前後が休日だ。二〇〇八年から祝日が変更となったが、これについては後述（「National Day、もしくはハタ日」参照）。

消えた胡同

先日の午後、もう日本学研究センターも夏休みに入って職員も午前中だけの勤務態勢に入ったことだし、こちらもたまには早じまいにして、午後、北京の街中探索に出かけた。

まずバスで故宮のすぐ裏側の沙灘というところで降り、中国新文化記念館へ。ここは、民国時代に北京大学があったところ。今でも「北京大学紅楼」として建物が保存され、内部は展示室になっている。ところが、四時半まで開館のはずが、三時半には切符の販売が終わっていた。三〇分もあれば、参観できる程度の規模なのに。どうやら、職員が早じまいしたかったようだ。

　そこで、目の前の五四大街（通り）を渡り、北池子大街へ向かう。ここは、故宮のすぐ東側の通り。この通りを南下する。目指すはこの通りの真ん中あたり、もう一本東側にある〝箭杆胡同《チエンカンフートン》〟にあった（はずの）陳独秀の故居。そこが『新青年』の発行所だったので、行ってみようと思い立ったのだ。ところが、五四大街の角に立てられた案内地図には載っているのに、その辺りに行っても胡同（小路）は見当たらない。捜しあぐねていると、向こうの角に腰掛けを出して夕涼みしている老人がいる。何やらこちらの挙動に関心を寄せている。そこで思い切って訊ねたところ、そんな胡同聞いたことがないと言う。うへぇ～と思いな

五四新文化運動記念館脇。五四大街と北河沿大街角に建つ
五四運動記念モニュメント ―――

がら、この一角にあったはずなんですがね～と、しばらく来意を説明しているうちに、その老人、はたと思い出したかのように、おおそうか、〝箭杆兒《チエンカル》〟胡同のことか？　と言い出す。そうそう、それですよ。それなら、向こうに見えるあのビルのところだ、何年か前にあのビルが建てられるので胡同はもろとも消滅してしまったのさ、と。小さな路地だから、区画が変更されてしまうと消滅もあり得るのかも知れない。そうか、このところの北京の再開発、道路拡幅による〝拆遷《チャイチエン》〟（撤去）ラッシュは凄いからなと惜しみつつ、老人に謝辞を述べ握手してその場をあとにした。それにしてもあの老人、凄いものだ、〝兒化《アル》〟しないと頭の中の思考回路が繋がってくれないのだ！　さすが北京だ、と妙に感心してしまった。

　でも、よくよく考えてみると、北（南）池子大街というのは故宮のすぐ脇。東京で言えば、九段とか番町に当たるところ。その胡同にいるおじさんが、相変わらず上半身裸で短パン、手には芭蕉の団扇と来ている。いくら表通りから中に入っているとはいえ、北京の街中って、居住スタイルはすごいものだなと驚嘆するものがあった。そしてもう一つ。老人とはいうものの、私とは一五歳くらいしか離れていない感じだ。とすると、そんな昔（五四時期）のことなど知るよしもないのだ。もはや古き北京を実地に知る世代など、いるはずもないのだな、と時の過ぎゆくことをしみじみ感じた夏の夕暮れだった。

余墨点滴

陳独秀（一八七九〜一九四二）は、一九一五年『新青年』（当初は『青年雑誌』）を発行して五四新文化運動を先導する一方、北京大学文学部長の要職に就き、人材登用に尽力した。『新青年』を発行した北京の寓居は、新文化運動記念館にその門のレプリカが展示されているが、さほど遠くない場所となれば、実地に訪ねてみたくなる。しかもこの時は、展示を見せてもらえなかったので、代償行為として、せめて何か所縁のところを訪ねたかったわけだ。おかげで思わぬ収穫となった。

後戻りしない気候

八月中旬は、「例年になく」と言われるほど蒸し暑かった。一二日には朝から土砂降りで、午後には上がったものの、湿気が強い蒸し暑い日となった。以後、四、五日連続して夕方か夜半に雷雨となり、日中はまるで蒸し風呂の中にいるような日々が続いた。ところが、これが過ぎ、再び一六日に一日中雨が降ったあとは、カラッと乾いた陽射しが戻った。するとどうだろう、もはやすっかり秋の気配が漂い始めたのだ。日中の陽射しは、確かにまだ強い。だが、日陰に入るとずいぶんひんやりするし、夜はもはやエアコンが不要なくらい涼しい。

日本だと、九月中旬まで、涼しくなったかと思うとまた暑い日がぶり返し、そのくり返しで徐々に、少しずつ秋めいて行く。しかし、北京では、夏になる時もそうだったが、今日から

文字通り、蒸し風呂のような万里の長城。八月半ばは亜熱帯のようだ ―――

秋、とはっきり線引きができるくらい劇的に季節が変わる。

雷雨が続いた頃、この雨が夏の終わりの兆しかな、と密かに感じた。そして、これが過ぎると、見事なくらい画然と秋が訪れる。八月七日が立秋、二三日は処暑だ。二十四節気による区分は、なるほどこの北京では、季節の変わり目を如実に物語る。

思えば、今年の夏休みは実に短かった。公務が一段落したのが、在職修士コースの学生が学習期間を終え、修了式を行なった八月二日だ。さらに、国際交流基金の担当者が打ち合わせに訪れたりしたので、八月第一週までは、勤務態勢だった。その後は、暑さのピークを家族とともに過ごした格好だが、これが過ぎると、わずかに二週間で、画然と夏が終わる。

しかも、この季節の移ろいには、後戻りがほとんどない。ここ数日は、少しぶり返した感があるが、秋色は着実に深まっている。まだ日中の陽射しは強いが、夕方になると、Tシャツ一枚に短パンで出歩くのは、ちょっと心許ないほどになってきた。秋本番も間近だ。

余墨点滴

「蒸し風呂のような暑さ」という表現、北京にはないと勝手に想像していた。ところが、最近は湿度が高く気温も高い気候が、北京でもしばしば訪れるらしく、〝桑拿天《サンナティエン》〟（サウナ日）という語が、新聞紙面に躍る。たとえば、「〝桑拿天〟襲来湿度加重　京城進入霉雨期（サウナ日の襲来で湿度増加、北京は梅雨の季節に）」といった具合。でも、その同一性を喜んではいられない。気を取り直してよく考えてみると、サウナというのは、カラカラに乾燥した熱気の中に身を置いて汗を出す、そういう入浴法ではないのか？　何だか、不純にひねくり回した外来語の匂いがしてくるのだが。

最低湿度一八％

九月に入ってから、はっきりと秋を感じさせる気候になってきた。〝白露身不露《パイルーシェンプルー》〟（白露になったら肌を露出するな）と言われるが、その白露は今日だ。

先日の土曜日の天気予報は、最高気温三〇℃と伝えたが、次の湿度の予報に耳を疑った。何と最低（相対）湿度一八％と言うのだ。当日は、天安門広場の人民英雄記念碑前で抗日戦争勝利及び反ファシスト戦争勝利六〇周年記念行事が行なわれたが、そのテレビ中継を見ていたら、実にカラッと晴れ渡った見事な青空に、敷き詰められた深紅の絨毯が鮮やかに映えていた。

気温三〇℃で最低湿度が一八％とは、日本ではめったに経験できない湿度だ。気温三〇℃の飽和水蒸気量は30・4g／㎥だから、一八％だと一㎥あたり5・5gしか水蒸気がないことになる。5・5gと言ったら、コーヒーに入れる液体クリームのあの小さな器くらいだ。東京の冬の乾燥した気候でも、最低湿度は二〇％前後、最高湿度は五〇％くらいだから、もう少し潤っている。しかも、北京はよく晴れ渡って陽射しが強い。日向に出ると汗をかくが、日陰に入ればすっかり引いてしまう。これを爽やかと好む人もいるが、私はあまり歓迎しない。

七月の上旬、珍しくちょっとジメジメした日が続いた。この時、同僚たちとは反対に、私一人は不思議な安堵感と寛ぎ感を覚えた。同僚は、白井先生って前世はナメクジだったのですかと冷やかしたが、今はそれとは反対の状態だ。湿度一八％では、ナメクジでなくても干からびてしまう。

第一、お肌に良いわけがない（私の場合は、これはまあ……）。そして、喉がいがらっぽくて不快だ。先日乗ったタクシーの運転手など、しきりに窓外に痰を吐いて喉を整えていた。そして、喉がいがらっぽいままだと、タバコを吸ってもうまくない。対策は、それこそ

〝多喝開水《トゥオホーカイシュイ》〟（こまめに水分を取る）なのだが、いくら喉を潤しても、タバコの煙は乾燥した空気とともにしか吸えない。さらに、これは長所なのか短所なのか分からないが、鼻クソ（私はわりとねっとりタイプだが）が溜まらず、息の拍子に鼻から吹き飛んでしまうことさえある。鼻孔もパリパリに乾燥しているわけだ。

これからますます乾燥してゆく北京の空気。洗濯物は、あっという間に乾くが、人間までパリパリにしてしまうのだから、何とも困る。乾燥は表面だけにして、せめて心の中はパリパリにならぬよう、潤いを求めていこう。

余墨点滴

東京、北京、蘭州の平均気温と平均相対湿度　（平均気温／平均相対湿度）

	一月	二月	三月	四月	五月	六月	七月	八月	九月	十月	十一月	十二月	年間
東京	5.8/50	6.1/51	8.9/57	14.4/62	18.7/66	21.8/73	25.4/75	27.1/72	23.5/72	18.2/66	13.0/60	8.4/53	15.9/63
北京	-3.6/44	-0.6/49	5.9/51	14.2/51	19.9/54	24.4/62	26.3/78	24.9/81	20.1/72	13.2/66	4.7/61	-1.4/51	12.3/60
蘭州	-5.1/56	-0.8/52	5.6/50	12.2/48	17.1/52	20.4/54	22.5/62	21.3/65	16.4/72	9.9/70	2.7/67	-3.7/64	9.9/59

国立天文台『理科年表　平成一九年』（二〇〇六年丸善発行）による

この相対湿度は平均値のため、最小湿度はもっと低いのだが、それでも月間平均湿度が、四四％（一月）というのは相当低い値だ。日本では、そんな低い値を出す観測点は見当たらない。中国でも、西域地方で乾燥地帯として知られる蘭州でさえ、一月の平均相対湿度は、五六％ある。年間平均の相対湿度は、北京が六〇％に対し蘭州は五九％で同等。北京の湿度が蘭州を上回るのは、六月～八月の夏場だけということになる。

風の中にぞ……The Answer is Blowin' in The Wind

北京人の友人によると、北京では〝二、八月乱穿衣《アルパーユエルアンチュアンイー》〟（二月、八月は服装がまちまち）と言うらしい。もちろん、旧暦での二月と八月だから、ちょうど九月の終わり頃だろう。旧暦で言えば九月に当たる今でも、街を歩く人々の姿は、間違いなく〝乱穿衣《ルアンチュアンイー》〟だ。

一週間ほど前、夕方買い物に出た際に目にしたのは、Tシャツのお兄ちゃんと一緒に、フリースを着た女性のカップルだ。Tシャツとフリース、これがデートよろしく仲良く歩いている。

そういえば、西洋人もその皮膚温度感覚を疑わせるところがある。今、私が居住する北京友誼賓館は、ホテルでもあるから外国からの観光客が大勢宿泊する。その中で、西洋人風の観光客は、やはり衣服が〝乱穿《ルアンチュアン》〟に見える。奥さんの方は、アノラック風のジャケットをしっかり着込んでいるのに、夫とおぼしき隣の男性は、半袖シャツ姿なのだから。

先週の国慶節連休中（「National Day」、もしくは「ハタ日」参照）、久しぶりによく晴れた日だったので、「秋景」を撮ろうとカメラを手に紫竹院に出かけた。この日は、晴れは晴れだが、風が少し強かった。するとどうだろう、公園内を散策する人が皆長袖、さらにはパーカー類まで着込んでいる。私は、この気温なら、Tシャツの上に半袖のダンガリーシャツで十分と踏んで出かけたのだが、果たして特に寒いわけではなかった。でも、見渡す限り、何か申し合わせでもあるかのような長袖姿。どうも、北京人は気温や陽射しで温度を体感するのではなさそうに見える。彼らが気候の変化、気温の低下を感じるのは、実は「風」ではないかと密かに「仮説」を立てている。最高気温が同じく二三〜二四度であれば、風が吹いていない日なら彼らはそんな厚手の物はまだ着込まないのだから。

気温の変化に敏感なのか、風に敏感なのか、まさにThe Answer is Blowin' in The Windだ。間もなく有無を言わせず、誰もが厚手のジャケットやダウンを着込む季節に突入すると言う人もいるが、いずこも温暖化。当分、〃乱《ルアン》穿《チュアン》衣《イー》〃が続くのではと、一人楽しみに見守っている。

風の中に体感される秋色。紫竹院にて ———

余墨点滴

このタイトルは、二つの歌を下敷きにした。一つは、「秋来ぬと目には清かにに見えねども風の音にぞ驚かれぬる」（藤原敏行、古今集、秋歌上）。もう一つは、ボブ・ディランのBlowin' In The Wind「風に吹かれて」だ。「風に吹かれて」の歌詞に込められたプロテスト的寓意は、特に託していない。あくまでも、答えを風の中に託す趣向の同一性を求めた次第。

紫竹院：北京の西北部にある公園。清朝時代に行宮が造営され、後に西太后が西直門から船で頤和園に向かう際、ここが中間点に当たり休息したと言われる。私の住居である北京友誼賓館からは、三㎞弱、歩いて三〇分ほどのところ。

〝誰説天高気爽？〟

北京へ行くには秋が一番だと言う。曰く〝天高気爽《ティエンカオチシュアン》〟〝晴空万里《チンコンワンリ》〟。だが、一〇月に入って、そんな抜けるような青空には、数えるほどしかお目にかかっていない。国慶節の連休中に、二、三日あったくらいのもの。九月にも、二、三回あったかどうかだ。そういえば、九月三日の抗日戦争勝利六〇周年記念の日は、確かに抜けるような青空だった。しかも最低湿度が一八％という超カラカラの日だ（「最低湿度一八％」参照）。街の噂では、前日に人工降雨で雨を降らせたため、あれだけすっきり晴れたのだとか。

中旬から下旬に入ると、さすがにカラッと晴れ渡った空が見られるようになった。それまで

雲一つない青空 ――――

のうっすら曇り、または陽射しはあるのだが、どこか薄ぼんやり霞む、そんな日の連続とはうって変わって、雲一つなく晴れ渡る空が見える。確かに〝天高気爽〟〝晴空万里〟だ。

だが、こういう晴天は三日と長続きしない。一〇月の下旬までで、まだ一週間分もないのだから、それほど自慢げに誇るほどのこともないはずだ。今日などは、朝晩は濃霧、昼も薄曇りのはっきりしない天気だった。どこが〝天高気爽〟〝晴空万里〟なのだ。

北京人は、結構頑固で固執する。大昔の北京の空模様がそうであったことを、いまだにアップデートせぬまま信じ込んでいるのではないかと、北京に特に愛着を持たぬ私などは疑う。そういえば、梅原龍三郎の『北京秋天』（一九四二年）は、確か晴れた空に鰯雲が浮いていたのではなかったか……。

写真のカラーを問題にする時、「記憶色」という言い方をする。実際の色合いとは異なるのに、人が写真プリントなどを通じて、「こういう色」と思い込んでいる色合いのことだ。北京の気候も、ひょっとしてこういう「記憶気候」なのではないか、と疑っている。

北京の気候に関する「言い伝え」も、そろそろ「記憶気候」ではなく、現実に即してアップデートすべきではないか、と一人不満を感じている。

余墨点滴

〝誰説《シェイシュオ》〜〟という言い方、北京ではしばしば耳にする。ふと連想するに、日本では大阪人がよく、「誰が言うたん？」と言うが、あれに似ているのはないか。まじめに、受験参考書風に「反語：そんなこと誰が言うのだ（いや誰も言わない）」等と解説すると、実に身も蓋もない。要するに、他人に自分の不満、立腹をはき出す際、不特定化することで当たり障りを緩和する、そんな意識構造ではないかと、門外漢は考える。

18―2

このところの北京の天気予報には、耳を疑う。最高気温が一六〜一八度というのは、一一月の北京としては、かなり暖かい方に属するそうだ。だが、これは想定の範囲内で別に驚かない。湿度が一〇〜二〇%というのも、すでに慣れた。驚くのは、最低気温の告知だ。

実に二〜五度というのが普通なのだ。最高気温が一八度前後ある秋の日に、いくら夜は放射冷却によって気温が下がるとはいえ、一桁のしかも二度とは、耳を疑わずにいられまい。ところが、これが虚報でないことは、表に出てみると実感する。少し歩くだけで手が冷たくなるし、顔にも冷気が襲う。

北京人は、このような極端に大きな気温差の中でどう対処しているのかというと、私の見るところ、六〇〜七〇%の人は、最低気温の方に照準を合わせて衣服の態勢を整えている。皆夜遊びで出歩くからかというと、そうではなさそうだ。あるいは、朝早くから出勤するからかというと、これもさほど説得力はない。要するに、寒がりなのだ。もしくは、極端に寒さを「怖がる」。

一般に、北方人は〝怕冷《パーロン》〟(寒がり)というのが中国では相場だが、北京もこの例に漏れず、相当の寒がりだ。お祖母ちゃんに育てられていると思しき子どもなど、一〇月中旬の、まだ暖かい陽射しの日でも、しっかりと綿入れの上着を着せられている。もっとも、最近は自転車に乗る人が減ったこと、そして高機能素材が普及し、薄手で温かい衣服が手に入るようになったため、以前ほどモコモコの厚着に手袋帽子というスタイルは減ったようだが。

私はどうかといえば、言葉の面でも体格の面でも南方人に間違われることが多いのだが、気温に対する対応でも、北方人系には属さない。最高気温に照準を合わせて衣服を選んでいる。だって、昼間の暖かい中、汗ばむほど着込むのって、やせ我慢の江戸っ子としては許し難いではないか。しかも夜明け前の最低気温の中、寒風に晒されて歩哨に立つことなんてありはしない。

ただし、お芝居などに出かけ、帰りが遅くなりそうな時は、さすがに薄手のコートか防風ジャケットを用意する。何といっても、夜の北京は、今時分でも、すでに真冬の東京の最低気温並みなのだから。

——立冬

余墨点滴

北京秋冬の過去最低最高気温

	10月	11月	12月	1月	2月	3月	4月
最低気温	-3.5	-10.6	-15.6	-18.3	-16.0	-15.0	-3.2
最高気温	29.3	22.0	19.5	12.9	19.8	26.4	33.0

—中国気象局公式サイト・科学数据共享服務網 <http://cdc.cma.gov.cn> による

一〇月に入るやいなや、我が住居の北京友誼賓館の服務員の中、女性たちはスカートからズボンに衣替えだ。私の体感としては、まだまだ汗ばむくらいの頃合いなのに、彼女たちからすれば、もう十分冬支度に入る頃なのだろう。過去の気象データを見れば、それも故なきことではない。一〇月初めから切り替えられた衣服態勢、そこを基軸に予想グラフを描くと、立冬の頃はもう十分冬と意識すべき資格があることになる。

嵐の中の木の葉

日本でも晩秋から初冬にかけての風景といえば、風に舞う木の葉、というのが常識的なところだろう。神宮外苑の絵画館前の並木など、ドラマの恰好のロケ場所だ。落ち葉を踏みしめて歩く二人、ハラハラと舞う落ち葉、それを見上げながらそっと男の肩に顔を寄せる女性……。北京でも、もちろん秋になると木の葉が舞う。ところが、この舞い方が日本とは異なる。

今年は秋が長く、一一月の中旬まで昼間は暖かく、厚手のコートが必要なかった。ところが、問題は気温ではなく、風だったのだ。

先日、夜お芝居から帰る際、急に冷たい北風が吹いてきた。昼間は穏やかな日和だったのだが、この冷たい風が吹き出すと様相は一変する。一天にわかにかき曇り、というほどではないものの、何だか空一面が別の時空に突入したような光景だ。

商店はあたふたと扉を閉め、店じまいする。街を歩く人の影も一気に減り、帰り遅れた人は、慌てて襟を立て足早に家路につく。そして驚くほどの木の葉が舞う。街路樹の木という木から、木の葉がもぎ取られ吹き上げられる。この街では、風に舞い、はらはらと落ち葉が舞うのではない。日本でも、冬になれば「木枯らし」というとおり、北風が吹いて木々に残った枯れ葉を落とす。ところが北京の木枯らしは、まるで台風のような強い風だ。まだ枝についている資格が十分ありそうな葉まで、容赦なく吹き飛ばしてしまう。その強引さときたら、強奪、

強風の後の友誼賓館構内。（加藤晴子氏撮影）――――

掠奪と言えるレベルだ。まったく容赦のない厳しい自然だ。

林語堂の小説 *A Leaf in The Storm*（一九四〇）は、『嵐の中の木の葉』と訳されているが、列強に翻弄される中国を描いたこの作品の訳名として、今までは夏の「嵐」を想定していた。ところが北京に暮らして、このメタファーは、夏ではなく冬なのではないか、と想定するようになった。北京の木の葉は「風に舞う」のではなく「嵐」に吹き飛ばされ、しかもLeaves in The Stormは、冬の光景ではないのか、と。

もっとも、人間の社会経済生活では、今や嵐を巻き起こすのは、他ならぬ中国なのだが。

――日本の勤労感謝の日

余墨点滴

秋の嵐で楊柳（ポプラ）の葉が吹き飛ばされた翌日、北京友誼賓館の広い敷地一杯に、まだ青いままの落ち葉が堆積する。これを掃除し、片付ける服務員は、大きな竹箒でザザーッ、ザザーッとかき集める。その分量を見ると、嵐の激しさがまた実感できる。残念ながら、この落ち葉を積んで、その中に芋を入れて焼き芋、という光景にはお目にかかれなかった。大体、あんな生々しい葉っぱでは、煙ばかり上がってなかなか燃えないだろう。

林語堂（一八九五～一九七六）は、中国近現代の文学者。上海の聖約翰（セント・ジョンズ）大学卒業。英語に長じ、英文の著作も多い。一九三〇年代に「幽黙（ユーモア）」と諷刺を込めた「小品文」を提唱し、「幽黙大師」と称された。日中戦争中は、*Moment in Peking*（邦題『北京好日』／中国語題『京華煙雲』）（一九三八）や *A Leaf in The Storm* 等を著し、日本支配下の中国の実態を世界に発信した。

凍える陽射し

陽光が当たる陽だまりに佇むと、冬でもポカポカ暖かい。これが、日本、しかも関東以南に五〇年間暮らした私の常識だった。

ところが、北京ではこの常識が覆される。空は、ベタ一面の青空で、陽射しは燦々と降り注ぐ。しかし、ちっとも暖かくない。それどころか、ピーンと凍るような冷たさが足下から這い上がる。耳は凍えるし、口から吐く息は真っ白だ。これこそ北京の寒さですよ、と長年の在住者は言う。
大体、太陽の位置が頼りない。真昼の南中時でも、仰角六〇度くらいのところにしか来ない。ここは北緯四〇度、盛岡や秋田とほぼ同じ緯度というが、それよりも陽射しに威力がない。少し暖かと感じる日でも、最高気温は三度ほど。東京の真冬の最低気温並みだ。最低気温は零下八度くらいまで下がるが、夜の方が、案外寒いと感じない。昼間は陽射しへの期待値が高まり、それが裏切られる分余計に寒く感じるのかも知れない。

日本でもスキー場のゲレンデなどでは、陽射しがあっても凍えるという経験はある。だが、それは雪越えの冷たい風が引き起こすものと合理的な解答を見出せるが、北京では、そういう冷気を生むものは一切見当たらない。霜も降りないのだ。

いつもこんなに寒いかというと、そうでもなさそうだ。我らの運転手氏は、今年はここ数年で一番寒い、と言う。雪が降ると予想していた彼だが、残念ながら空には一縷の雲も見当たらないし、雨も一〇月六日以降まるで降っていない。

本当に中間ゾーンの少ない街だ。寒いとなると、とことん寒い。暑い時は、これでもかというわんばかりに暑い。この対比の大きさが、人間の心性に影を落とすこともあるのでは、と疑う。

一つだけ良いことがある。凍えて乾いているから、物が湿気ることがない。洗濯物は室内(部屋の中は暖かい)に干すだけでパリパリに乾くし、お茶でも海苔でも放っておいても湿気

草木も枯れる、万里の長城冬景色。司馬台にて ————

る心配はない。ほとんど冷凍庫の中の世界なのだ。
小春日和ののどかさとは、天南地北の隔たりがある。

――冬至

余墨点滴

北京という北国は、外は寒いのだが、室内はスチーム暖房などで暖かい。北京友誼賓館のアパートは、エアコン暖房だったが、それでも私は四階の最上階だったため、熱気が下から伝わってくるので、室内は暖房を入れなくても常時二〇度を下回らない。これは快適で良いのだが、問題がなくもない。勤めから帰ると、室内は暖かいからシャツ一枚で過ごす。ズボンも、夏用の薄いジーンズだ。靴下など、穿いていられるものか、とばかりに素足で過ごす。しばらくして、夕食をどうするかという時刻になり、問題が起きる。再び外出するには、初めからやり直して身支度を調えないといけない。一度脱いだ靴下をもう一度穿くのは嫌だし、ズボンも履き替えなければならない。う～ん、面倒だ、晩飯は冷蔵庫の中のあり合わせですまそう、となる。ところが、一人暮らしの悲しさ。冷蔵庫の中身を補充しておいてくれる人はいない。何もない時、それこそ南極探検の白瀬中尉もかくあらんという意気込みで、勇気を振るって完全防備に身を包んで出かけねばならない。

〝寒在三九〟

中国では、冬至から数えて九日間ごとを一区切りと数える暦の数え方がある。これに基づいて、三番目の九日間、これを「三九」と呼び、一年中で一番寒いと言われる。日本でも、小寒大寒が一番寒いと言われるのと等しい。

その三九は、今年はちょうど一月九日から一七日に当たる。一二月初旬から中旬もずいぶん冷え込み、一週間近く最高気温でも零下という日が続いた。その後、クリスマスの頃に少し〝回昇《ホイション》〟して、最高気温はプラスに転じていた。ところが、この三九に近づくと、さすがに寒気が襲う。新年早々、三日から七日にかけては特に冷え込み、連日最高気温が零下。七日の午後からちょっと〝回暖《ホイヌアン》〟したが、それでも最高気温は二～三度。ところが不思議なもので、昼間の気温が零度を上回って三度もあると、暖かく感じてしまう。テレビやラジオの天気予報でも、昼と夜の気温差が大きい（夜の最低気温は零下五～六度）ので気をつけろ、と注意を喚起する。

それにしても、北国の都で寒い、という先入観があったせいか、この程度のものかと少し肩すかしを食った感もある。二〇年前に北京、天津を訪れた際との感覚的ズレか、以前はもっと寒かった気もする。特に足下が寒く、ちょうどスケートリンクに立ったような、靴底から地面の凍えが伝わってくる感じがあったが、今はそれがない。特にこの一週間は、気温は低いのだ

真冬。凍結した頤和園昆明湖 ————

が、湿度が割合に高く、地面の凍てつく冷たさがないので、だいぶ過ごしやすい。

　新年を迎え（中国人の意識ではまだだが）、一月も半ばになると、陽射しが少し高くなったことを感じる。わずかなことだが、身にしみて嬉しくなる。時々、小雪がちらつく曇り空も混ざるようになり、冬型のシベリア高気圧にすっぽり覆われたままの天気配置も、少しずつ揺れ動き出していることを窺わせる。

　むしろ、気温が低いことよりも、樹木も生き物も、すべてが枯れ果てたような寂しげな空気に覆われることが、三九の時期の特徴のように見える。旧正月を「春節」と呼び、そこで一年が切り替わると考えるが、この寂しげな空気の中にいると、ここが底なのだとしみじみ実感する。

間もなく春節だ。

余墨点滴

物の本によると「九九消寒図」というものが、かつて中国にあったという。五枚の花びらをつけた梅の花一六輪と、もう一枚の花びら（そうしないと八一にならない）を白抜きに描いた梅の図だ。この花びらを、冬至の日から、一日一枚ずつ赤く染めてゆく。こうして、立春の頃には半分くらいが赤くなり、やがて春を迎える時には、すべての花びらが真っ赤になる、という仕掛け。この風雅な遊びは、九日ごとに一区切りとして数える習慣と密接に繋がったものだ。今の北京で、こういう風流さが残っているか、確かめ損ねたのは残念だ。

早春二月

春節が過ぎ、立春も過ぎると、何だか少し春めいてくる。気温は、もちろんまだ±七℃（最高が七℃最低が零下七℃）といった具合だし、風も冷たい。

だが、それでもどこか春めいた雰囲気が漂う。それは、一つには光だろう。陽射しが違うのだ。冬至の頃は、陽射しが射しても何の役にも立たない風で、空気は凍てついていた。ところが、今はその陽射しが温かく、そして明るい。

早春。木々が芽吹き始めた ――――

かつて柔石の小説に基づいて『早春二月』という映画が作られた。孫道臨が主演で、謝芳が彼に思いを寄せる新時代の女性役、そして孫道臨が同情から愛情へと感情を高めて行く相手の未亡人役が、往年の美人女優上官雲珠だった。かように微温的な愛情物語であったから、文革前夜の思想運動の中で「中間人物」と批判を受けてしまった。さらに、これがため、こうした心理の葛藤を中心としたラブロマンスは御法度となり、そのことは中国映画や演劇での恋愛の描き方、ひいては恋のあり方にも影を落としていった。

ところで、その『早春二月』は、江南地方の早春であったが、ほのかな恋情とまだ春盛りとはいえない季節感とが、見事に凝結していたと言える。この週末、上海に来てみたが、ここでは同じ早春二月でも、確かに北京よりずっと「春」の息吹を感じさせる。

北京では、上海ほど春めいてはこないものの、それでも、北国の早春二月も悪くない、と実感する。北京で一番良い時期というと、秋十月とするのが通り相場だが、〝晴空万里《チンコンワンリ》〟も〝天高気爽《ティエンカオチシュアン》〟も、単一的過ぎて趣に欠けるものだった。しかも、そういう晴れの日は、実は数えるほどしかない。暑いか寒いか二元論的なこの北国で、唯一曖昧な時期といったら、今を措いてないだろう。三月、四月では、すでに春の鮮度が落ちる。もっとも、鈍感な北京人は、二月ではまだ冬のダウンジャケットを纏い、背中を丸めて街を歩いているが、これがいささか鼻白む思いなのだが……。

まだ空気は冷たいが、光が運んでくれるきらきらした季節感溢れる早春二月を、私はむしろ北京でのマイ・プライベート・ベストワンに推す。

——於上海

余墨点滴

柔石（一九〇二〜一九三一）は、中国近現代の作家。一九三一年国民政府の弾圧により処刑され、いわゆる「左聯五烈士」の一人に列せられる。魯迅は彼の死を悼み「忘却のための記念に」（一九三三年、『南腔北調』所収）を著している。『早春二月』は、一九六三年、北京電影製片廠出品。

堀辰雄は軽井沢の早春を詩趣豊かに描いたし、「春は名のみの」で始まる『早春賦』（吉丸一昌作詞／中田章作曲）も、「春と聞かねば　知らでありしを　聞けば急かるる　胸の思を」と、北国の早春のときめきを心騒ぐ恋心と重ねて歌う。まだ花開く前のその美しさに心騒ぐ思いを見出す心情、これを愛でる感覚が北京でも欲しいと思う。その点では、朱自清（一八九八―一九四八）の一九二三年の短詩「細雪」は、秀逸だ。「東風裏／掠過我臉辺／星呀星的細雪／是春天的絨毛呢」（『踪跡』所収）。春風に乗って頬をかすめた細雪、これを春の綿毛と感知するところ、細やかでありなおかつ鮮やかだ。

II 日々の暮らし

〝譲座〟（席を譲る）

北京に来て初めての体験をした。休日にちょっと出かける際、いつもタクシーばかりでは土地勘もつかないし、何といっても運転手任せもおもしろくない。そこで、バスや地下鉄を利用し始めた。ところがだ、これまで乗ったバスでも地下鉄でも、ほとんど百%若い人が席を譲ってくれる。なかには、少し離れた席からわざわざ私を呼んで、ここにどうぞと譲ってくれる。最初は、すぐ次で降りるからいいと遠慮ともやせ我慢ともつかない、いささか憮然とした思いだった（これを除外するので「ほとんど百%」とした）。でも、その後も席を譲ろうとする青少年たちは後を絶たない。彼らの善行の意志をくじいても、かえって教育効果が損なわれることになろうと思い、今は素直に譲られることにしている。中国社会の敬老精神は、〝万寿無疆《ワンショウウーチアン》〟だ。

で、言い訳を込めて考察之一。どうもバスや電車の中を見渡すと、私が乗る時間帯には、あまり老人が乗っていない。そこで、日本学研究センターの先生に聞いてみたところ、中国の老人は、平日の午後や、休日など公共交通機関が混み合うような時間帯に、あまり外出しないと言う。朝早くか、あるいは午前中あたりか、と言うのだ。

考察之二。中国の中年層（五〇歳代）は、髪を染めている男性が多い、だから先生のような頭（薄くて白髪そのまま）だと六〇歳代以上に見られるのでは、というのが我が愛弟子の分析。そういわれて、同年代諸氏を観察すると、なるほどよく染めている。顔つきは私より年上そうに見える御仁が、髪は真っ黒。そうか……。髪か！　そういえば、中国の〝領導人《リンタオレン》〟（指導者）も、皆真っ黒な髪だものな。でも、いまさらこの髪をカムフラージュするのも潔しとしない。こちらに来て、否応なく歩くことが増え、下半身はそれこそ益々元気なのだが（ここ、特に多義性はないから邪推しないように）……。う〜ん、どうするか、また一つ課題が増えた。

余墨点滴

バスでどこへ行くのか。北海公園の直ぐ後ろ、地安門界隈へ行くのが好きだ。何も用務のない土曜日か日曜日、北京友誼賓館から動物園に出て、そこでトロリーバスに乗り換えれば連れてきてくれる。前海、後海で構成される什刹海公園をぶらついてもよいし、東に進んで南鑼鼓巷にある、お気に入りのカフェ「過客」(北京の伝統的家屋様式、四合院をそっくりカフェに転用する)に座を占めてコーヒーも良い。夕食時なら、地安門内大街にある「満福楼」で羊のしゃぶしゃぶに舌鼓を打つ。八〇八路に乗れば、乗り換えなしで西単に行かれるし、八一四路なら王府井大街の首都劇場辺りにも行かれる。急ぐわけではないから、渋滞も気にならず、窓外の景色を眺めたり、車内のテレビ放送を見たりして、なかなか楽しい。

什刹海前海の春。冬は凍結してスケート場、春夏はボート池 ———

髪の毛の話

中国の中高年男性層に髪の毛を染める人が多いことは前に書いた。今度は自分の髪の毛のことだ。中国へ来る直前に、なじみの床屋で十分短かめに切ってもらってきたが、それでも一か月以上過ぎると、たとえ薄くなったとはいえ、伸びてくるものだ。仕方ないから、メーデー連休中の休みの午後、意を決して理髪店に出かけた。

出かけたというほど大げさな距離ではない。私が居住する北京友誼賓館の頤園というアパートから、同じ敷地内の三〇〇mほど離れたところにある、友誼賓館の本館（これを貴賓楼と言う）内にある「美容美髪店」だ。恐る恐るガラス戸を押し開けると、中でお姉さんがテレビを見ている。〝可以理髪碼《コーイーリファーマ》？〟（今いい？）、〝当然可以《タンランコーイー》！〟（もちろん！）。早速、散髪が始まった。まず最初の質問：〝要剪多少《ヤオチエントゥオシャオ》？〟（どのくらい切ります？）エッ？　切る丈を、寸で表示しないといけないのかな？　戸惑っていると、〝剪短一点兒碼《チエントゥアンイーティアルマ》？〟（短くですか？）と切り替えてくれた。そう〝剪短一点兒《チエントゥアンイーティアル》〟で。

理髪師のお姉さん、やおらコードのついた電気製品を取り出した。バリカンか？　いや違う。横型の電気剪定機みたいなものだ。櫛で髪の毛をすくっては、この小型芝刈り機みたいな器械で、ジョキジョキ「剪定」して行く。六条刈稲刈り機みたいな感じだ。腕は実に達者なもの。眼の前をかすめるその指は、小ぎれいでしなやかな床屋のそれだ。さらにハサミに持ち替えて細やかに刈る。ものの一五分もしないうちに、あらかた刈り終わった。
そこで次の質問：〝要洗頭碼《ヤオシートウマ》？〟（洗髪は？）エッ？　黙ってると洗ってくれないの？　もちろん〝要洗頭《ヤオシートウ》！〟。シャンプーは、日本のいつもの床屋の女将さんの方が腕は上だが、まあまあといったところ。でも、鏡の下を開けると流しが出現する仕掛けは、日本の床屋と同じ。頭は拭いてくれるが、顔はタオルを渡され、自分で拭けという。これも、肝心の濡れたところに行き着かない妙な拭き方をされるよりは、合理的か。
次の質問：〝吹風碼《チュイフォンマ》？〟（ドライヤーは？）〝吹風〟って、頭洗った後のドライヤーは必須でしょうに。〝要吹風《ヤオチュイフォン》！〟。その後は、日本の床屋とほぼ同じで、刈り終わった髪の毛をならし、多少の調整を行ない、さらに生え際をカミソリで剃る。ところがだ、日本の床屋の一般とは異なり、顔を剃ってはくれない。この質問がいつかいつかと期待したが、ついに〝要刮臉《ヤオクアリエン》碼《マ》？〟（ひげ剃りは？）は、なかった。
そして、私が一番危惧していた質問も、ついに出なかった。〝要染碼《ヤオランマ》？〟（染めますか？）は、端から出てこなかったのだ。そうなのか、白髪頭だからといって、染めることが必ずしも「お約束」ではないのか。それなら、どうして皆染めたがるのだろう。いや、染めないでいる中年がどうして少数派なのだろう、とまた次なる疑問が湧いてきてしまった。

〝老師傅〟に刈られると、こうなる。彼女のお好みの髪型だ。後海にて。（橋本毅彦氏撮影）――――

余墨点滴

「髪の毛の話」とは、魯迅の『頭髪的故事』（一九二〇年一〇月『時事新報・学灯』初出。のち『吶喊』所収）の題名に触発されている。原作は、漢民族の髪型を固守したがため、清代初めに首を切られた人が多くいたのに、清末になると、強制されたはずの辮《べん》髪を切ることに抵抗する中国人を揶揄する。原作とは縁もゆかりもない話柄ながら、ふと頭に浮かんだため題名としたのだが、念のため調べてみたところ、「髪の毛～」とする訳は見当たらない。竹内好訳は新旧とも「髪の話」であり、高橋和巳訳（中公文庫版）は「髪の物語」。学研版『魯迅全集』の丸山昇訳も「髪の話」であり、駒田信二訳（講談社文芸文庫版）も「髪の話」だ。このほか、松枝茂夫訳（旺文社文庫版）や丸山昇訳（新日本文庫版）、増田渉訳（角川文庫版）や小田嶽夫訳（偕成文庫版）では、そもそも「頭髪的故事」を収録しない。「頭髪」を訳すのに、どうして揃いも揃って「髪」だけで「毛」を入れないのか。何か私の知らない約束事でもあるのか、そのことにかえって興味が湧く。

　ところで、その後何回か散髪に行って分かった。理髪師にも等級があり、この店では、〝老師傅《ラオシーフ》〟と呼ばれるおばちゃん以外、カミソリを使えないのだ。若い見習の女の子だと、カットだけしかできないと言う。だが、この〝老師傅〟は手強い。こちらの指定や注文などお構いなし。お前の髪の毛は曲毛だから伸ばすと見苦しい、年取ったら短く刈り込む方が良い等々、何だかんだと言って自分が想定するひな型に邁進する。そこ、もうちょっと残してと注文しても、〝没関係《メイクァンシ》〟（大丈夫）の一言で一刀両断。ほとほと手を焼いたが、あの確信、結構説得力はあった（現に、その後私は短く刈り込むことにしているのだから）。技術は、確信に満ちた手さばきで一流、合間のおしゃべりも、ツボをよく心得て快適だった。間もなく退職と言っていた。

博物館はお早めに

日本学研究センターが夏休み態勢に入り、職員も午前中のみの勤務となった。そこで、特に来訪者の予定があるとか打ち合わせをしなければいけない時以外は、私も午後は自由時間が取れるようになった。先日の午後も、そんな事情で、ふと思い立って、中国新文化運動記念館に出かけたのだが、あいにく早じまいで参観できなかった。

今日は、午前中建国門外の国際交流基金北京事務所で会議があり、昼食を交えて二時前にこ

北京魯迅博物館内、魯迅故居。翌日リベンジで再訪した夏の午後 ———

れが終わったので、帰り道の方角だし（こういう土地勘はできてきた）、午後の時間を利用して、阜成門内にある北京魯迅博物館を訪ねた。日壇路からバスで向かったのだが、〝西四《シースー》〟の渋滞に巻き込まれ、着いたのは三時半をわずかに回った頃。おそらく四時半が閉館時間だろうから、構内にある魯迅故居くらいならさっと見学できると踏んでいた。ところがだ、門内に立つガードマンがつっと寄ってきて、三時半で切符の販売は終わった、と告げる。四時閉館だと言うのだ。え〜っ、そんな、暑いなか出かけてきたんだぞ、しかも三時半をわずかに過ぎたばかりではないか、と立ち去りかねて思わず怨嗟《えんさ》の声をあげる。さすがに気の毒に感じてくれたのか、ガードマンくん、また明日いらしたらどうです、今日はこの門内なら写真くらい撮っても良いですから、と急に優しく特別配慮をしてくれる。

しばらく写真を撮り、立ち去り際に、先ほどのガードマンくんに、入場料はいくらなの、と訊いてみた。彼曰く、五元です。そして、ふと私の風体を見て、こう言った。「老人の方は、無料になりますけど、証明書が必要です」。この野郎！　誰が来てやるものか！

以上の二例から導き出される、合理的な推論。博物館、美術館は、早めに出かけないといけない。午後の時間を利用して、ちょこっと見てこようなんて考えは、概ね敗北することになる。

やれやれ、ちっぽけな博物館にでかけるのも、一日がかりか……！

余墨点滴

北京魯迅博物館は、魯迅の平生を展示する本館のほか、ここより東のもっと賑やかな〝新街口《シンチエコウ》〟に近い〝八道湾《バータオワン》〟の住まい（弟の周作人、周建人ら一家で居住）を出て、母親と正妻の朱安と住んだ住居（通称〝西三条胡同《シーサンティアオフートン》〟）を保存する。博物館の展示には関心が湧かなかったが、故居には度肝を抜かれた。魯迅が執筆した居室は、母親の部屋と正妻の部屋の間にある。目と鼻の先の近接距離に正妻がいながら、妻と認めることを拒み通し、思索に没頭できた魯迅の胆力に驚く。しかも、女子師範大学学生会の幹部であり、魯迅を慕った許広平と交信するなど、あれほど近接した距離にいる正妻に隠れて、なかなかできることではないと感心もした。

〝西四〟は、故宮と景山公園の間を通る道（景山前街～文津街～西安門大街）と阜成門内大街とが「口」字型に交叉する一帯で、幅員が狭くなる道路の構造と交通量が多いため、北京市内有数の渋滞地点となっている。

・・・・・

——ちょっとコーヒーでも

北京で生活していて、休日などに買い物や、ブラブラ出かけることがある。そういう時につくづく感じるのは、ちょっとコーヒーでも、とひと休みするところが少ないことだ。北京の秋葉原と言われる中関村などは言うに及ばず（日本の秋葉原も少ない！）、博物館とか、静かな庭園・公園などに行ってもそうなのだ。では、中国人はどうしているのか。飲み水は持参、これが鉄則のようだ。到るところでペットボトルの飲料を販売していて、みなこれを手に、あるいはバッグなどに入れて持ち歩く。

では、人が集まるところに飲食店がないかといえば、これは正反対。嫌というほど飲食店はある。では、何が気に入らないのかというと、その飲食店のほとんどすべてが料理屋だということなのだ。それもしっかりお腹を膨らませる、中華料理店なのだ。中国にあって中国料理店、これは当然ではないかと言われてしまいそうだが、そこが問題だ。日本で言うなら、飯屋ばかりで茶屋がない、と譬えれば分かりやすいかも知れない。どこかへ出かけて、昼時とか夕食時ではないが、ちょっとひと休みしたい場合、お茶と軽いお菓子でもと思うことがよくある。そういう時に立ち寄る「茶店」、あるいは「喫茶店」が、北京には実に少ない。代わりに、しっかり食べる「飯屋」的な店、鍋物の店、焼き肉屋、湖南料理、四川料理、こんなのばかりなので、実に困るのだ。

それでももう少し仔細に見ると、ないことはない。それが、スター・バックスであったり、マクドナルドなのだ。マクドナルドは、かなり普遍的に北京の町に展開していて、もはや珍しくもない。私が居住する北京の西側辺りにも、ちゃんと店がある。どこそこにマクドナルドができたから一度行ってみよう、という段階ではもはやない。そのマクドナルドが、実はどこでも満員なのだ。一度入ってみようと思いながら、まだ入れずにいる。なぜ満員なのかというと、どうやらこれに代わる気軽に飲み物を飲んだり、軽く食べたり、といった形式の店が少ないからではないかと疑っている。

余計なものは買わないのが消費者の鉄則とするなら、やはり中国では、腹の足しにならぬ「茶屋」みたいな中途半端な店は、許容されないのだろうか。それでも、コーヒー店やお茶の店（茶芸苑などと称するところが多い。お茶代はめっぽう高価）も少しずつではあるが増えている。余裕と趣味性、次の消費志向の鍵はこれだと思うのだが。

余墨点滴

北京の南西部、西三環路を東に入り広安門大街を東に進んだところに、〝馬連道《マーリエンタオ》〟という一角がある。通りが一㎞ほど続き、両側にずらっとお茶屋（茶葉、茶器の販売）が並ぶ。その通りに、「茶城」と称する大きなショッピング・センターがある。四階建てだが、一階から三階まで、あらゆる種類のお茶を商う店が入り、さらには茶器、茶に関わる道具類（腰掛けや茶卓まで）を展示販売する。ここでは同業同種の店が一箇所に集積し、競合しすぎて商売にならないのではと懸念されるが、ひしめくことでむしろ活力を見せる。その四階には、しかし驚くことに「撮影器材城」、つまりカメラ器材の販売店がひしめく。ところで、この茶城の四階になぜ撮影器材城があるのか。その関連は？　連れだって案内した際、副主任氏は訝る。主任

什刹海後海畔の茶店。お茶代はめっぽう高い ――――

教授たる私は、したり顔で答えた。どちらも、のめり込むと身上をつぶすということだな、と。こういう趣味か実用、どちらともつかぬ、あるいは両用兼用の領域が、当分旺盛な活力を見せるのではと予想する。

・・・・・・・・

「送君千里総有一別」

八月初旬から中旬は、家族親族が連続して北京を訪れた。最初は「熱烈歓迎」だし、今回北京に来てからまだ一度も行っていなかった故宮にも、渋々ではあるが出かけられて、むしろ新しい発見に彩られる思いだった。それにしても今年の北京は、八月の中旬が蒸し暑く、まるで風呂場の中にいるよう（この比喩は、日本的なお風呂の経験がある人にしか通じないかも知れないが）だった。その中での故宮である。ただでさえ超自然を演出するため、樹木などの天然自然を極端に排除した人工の極地の宮殿だ。暑いを通り越して、蒸し鶏にでもされるかと思うほどで、お慈悲でございますと命乞いしたい思いだった。

だが、初めて北京を訪れた家族や親族に、天安門にも上らせてやりたい、広場もその広さを実感させてやりたい、故宮の壮大な不自然さを知らせてやりたい、万里の長城の異様な思想と膨大な無意味さを実感させてやりたい……と、妙に「紹介者」意欲を燃やしたがため、それはそれは暑かった。

天安門上から見た広場。観光もたまには悪くない。普段は普通勤労者の虫瞰視点だが、ここへ登れば国家元首級の鳥瞰視点が得られる ———

おかげで、ほとんど一旬、まるでガイド業のように毎日、観光先と食事先を考え、手配し、実行するばかりで、日常の業務はお休みとなってしまった。もっとも、ちょうどその期間が、日本学研究センターも「一斉休業」期間だったから、業務にはほとんど支障ない。

それにしても、観光地や北京の繁華街を歩くことよりも、家族と一週間ではあっても一緒に過ごせたことが唯一の休息になった、との思いはある。ささやかな夏休みだ。

最後に一人残った高校生の長男を首都空港に送った際には、やはり別れが忍びなかった。北京の空港は、税関申告が真っ先で、その後航空会社のカウンターでチェックインする。気が付くと、長男が一人でそれらをこなせるか、案ずる思いでずっとその後ろ姿を追っている自分がいた。「送君千里総有一別」、ガラにもなくそんなウェットな思いが去来したが、それは、息子の帰国が夏休みの終わりを象徴するようで、その短い夏の過ぎゆくことを愛おしむ気持ちに由来するところも大きい、と思う。そう、朝晩はめっきり涼しくなってきた。

余墨点滴

「送君千里総有一別」は、人を見送る際、どこまで送っても結局別れねばならない、という別離の思いを言う語。あるいは、もう送らないでと見送る側をねぎらう意味も含む。その用例は、元曲辺りまで遡るが、一五世紀に成立した『水滸伝』（第二三回／三二回等に見える）では、すでに定着した形を見せる。「送君千里終有一別」とか「送君千里終須一別」等の変形を経て、今日では表題の表記が主流を占める。

心の憩い、懐の憂い

北京に来て、困ったことの一つが実はタバコだった。何が困るかといえば、強いタバコが圧倒的多数なのだ。そこで、しばらく探してみたところ、やはりあった。「中南海1㎎」という銘柄。これは、日本でも販売しているので試したことがあり、まずまずの味だった。ところがこのタバコ、どこででも買える代物ではない。置いてない店が多いのだ。

「中南海」というタバコは、10㎎、8㎎、5㎎、3㎎、1㎎と五種類もあり、普通のタバコ屋さんで「1㎎ある?」と訊くと、十中八九、10㎎を出してくる。ちゃんと〝1毫克《ハオコー》〟と指定しているのに、だ。それもそのはず、市場では10㎎、8㎎が主流で、軽くても5㎎どまりがほとんど。3㎎になると相当軟弱なタバコだ。そしてこのニコチン、タールの軽さに反比例して値段が高くなる。10㎎、8㎎が五元。5㎎が一〇元。そして3㎎になると二〇元前後もする。この値段の付け方は、ちと理解に苦しむ、喫煙者の「健康」を気遣えば、できるだけニコチン、タールの低いタバコに誘導するべく、軽いタバコの方が安くて当然、と身勝手な考えをす

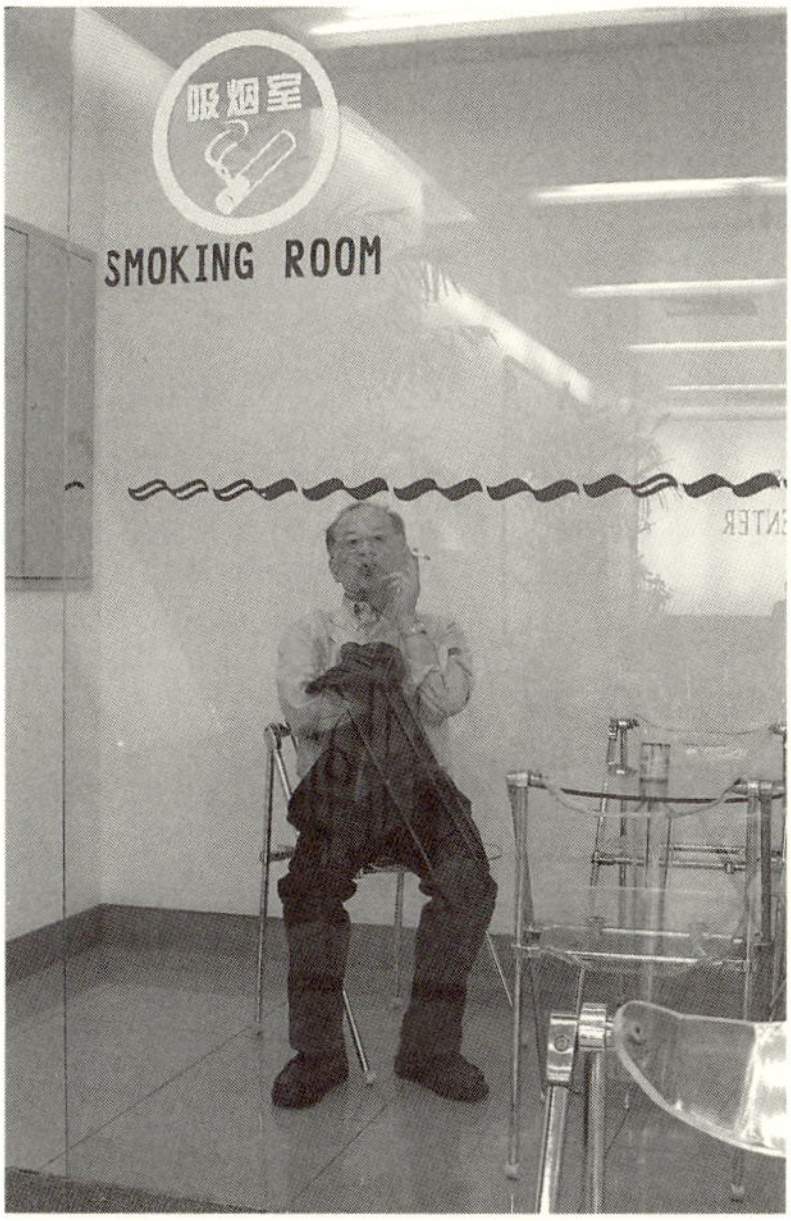

双楡樹にあるデパート「当代商城」内喫煙所。ガラス張りののブースで，特別待遇が受けられる。（加藤晴子氏撮影）

るのは私だけなのか？　事情通の話では、ニコチン、タールの脱濾工程にお金がかかるのだとか言うが、本当かどうかは知らない。でも、確かなのは、1㎎は「輸出専用」と書かれており、「あなたの健康を損なうおそれがありますので吸いすぎには注意しましょう」と箱の横に、日本語で書かれていること。因みに、1㎎は、お店によって値段がバラつき、一箱一八元から二三元まで。二〇元（約三〇〇円）といえば、立派に一食食べられる値段だから結構高価だし、日本で売っている値段と変わりがない。

でも、この値段で驚いてはいけない。中国人が憧れ、贈答品として愛用する高級タバコの「中華」は、何と一箱八〇元（約千二百円）もする。このタバコは、国家元首クラスの宴会や接待に供されるとのことだが、八〇元ともなると、北京市内から首都空港までタクシーを飛ばしていける値段だ。ところが、これよりさらに上をいくのがある。「熊猫」（パンダ）だ。これは、何と一箱一三〇元（約二千円）する。私が北京に来て買ったカラー・プリンターは、このタバコ三箱分の値段でしかない。タバコ売り場のおばちゃんに、恐ろしく高くて吸えないねと冷やかすと、おばちゃんも〝可不是《コーブシ》〟（その通り）とあっさり同意してしまうほどの、究極のお値段。今まで、中国製でこれより高いタバコは見たことがない。

タバコは、やはり贅沢品だ。心の憩いだが、懐の憂いともなる。

ありがたいことに、夏休み中に日本からの来客が相次いだので、私の補給路は当面保たれている。もちろん、憂いは今のところない。

余墨点滴

北京でも、禁煙、分煙は時代の趨勢だ。飲食店でも、入り口を入るとまず〝歓迎光臨《ホアンインクアンリン》〟（いらっしゃいませ）と歓迎を受けた後、何人様でと聞かれ、次に出る言葉が〝吸煙碼《シーイエンマ》？（おタバコは?）だ。席も分煙の店が多いのだ。ところが、中には分煙どころか頑強に喫煙者を排除する〝星巴克《シンパーコー》〟（スター・バックス）のような店もある。したがって、私はほとんど〝星巴克《シンパーコー》〟には行かなかった。ほとんど、というのは数回、待ち合わせのために行ったことがあるからだ。その時は、店内が禁煙なので、表のデッキ席で、暑い最中、〝拿鉄《ナーティエ》〟（ラテ）と称するコーヒー牛乳を飲む羽目となった。

天の原ふりさけ見れば

今日は中秋節。旧暦の八月一五日だ。日本では名月を愛でる日と考えるが、中国では、満月の欠けることのないまん丸さにちなんで、〝団円《トゥアンユアン》〟、欠けていたものが元の円満な形に戻る、すなわち、家族が一堂に会し団欒する、そういう日として愛でる。

この中秋に食べるのが、ご存じ月餅。八月半ばからデパートでもスーパーでも、パン屋でも、店先の一番目に着くところには月餅が山積みだ。ところが、中秋も間近になると、クリスマス直前のケーキ屋さんみたいに、安売りも始まる。なにしろ、これは季節商品だから、中秋を過ぎたら商品価値は半減してしまう。

もう一つ、この時期に売り出されるのがお酒。中秋の名月、家族団欒、これに欠かせないのが銘酒ということのようだ。先週の日曜日、郵便局に出かけたら、月餅の箱が入った手提げ袋と箱入りのお酒を、段ボール一杯に詰めて発送する人が大勢いた。故郷の親や家族に送るのか、あるいは贈答品だろうか。現在の中国人が贈り物をするのは、平均年二回。その一回が旧正月で、もう一回が中秋節だとか。

半ば投げ売りとなった月餅を口にしながら、今日の月はと窓外を眺める。そういえば、北京に来て七回目の満月になるはずだ。昨晩は、きれいに晴れ渡った夜空に皎々と月が輝いていたが、残念ながら今晩は曇り空。雲の合間から、時折月が顔を見せてくれるていど。昨晩だったら、名月に託して故国を想う気持ちを詠うこともできただろうに……。

天の原振りさけ見れば武蔵なる元荒川に映えし月かも、と。

余墨点滴

「天の原ふりさけ見れば春日なる三笠の山に出でし月かも」は、阿倍仲麻呂（六九八〜七七〇）の歌（『古今集』巻九）。在唐五〇年、ついに故国へ帰ることを得なかった仲麻呂の思いに、中秋の月を媒介させて自分を投影してみたくなった、ちょっとナルシスティックな気分だ。月餅は、おいしい菓子の少ない北京で、相変わらず大して旨くない。日本学研究センターの学生に訊ねても、エ〜ッ月餅ですか、チョコレートなら好きだけど、月餅はあんまり……、といった反応。個人的な好みを言えば、月餅は、横浜の中華街の方が旨いと思う。

浮雲

秋の北京は〝天高気爽《ティエンカオチシュアン》〟と言うが、雲一つなく晴れ渡った空は、意外に少ないことを体験した。そしてもうひとつ加えると、〝天高〟の感覚がつかめないままでいた。

先日、芝居がはねて少し歩いていた際、ふと空を見上げると、皎々と輝く月に雲がかかっている。おお、これだ、鰯雲だ。空の高いところに雲がかかっている。雲があるからこそ、空が高く感じられる。あるいは対象物があるからこそ、距離感が掴める。

北京の晴れた空には、雲がない。雲がなく、べた一面の青空というのは、実はつかみ所のない茫洋としたものだ。そして空間感覚が掴めない。宇宙空間に放り出されたら、ひょっとしてこんな感じなのかと思わせる、そんな寄る辺なさ、とでも言おうか。

〝晴空万里《チンコンワンリ》〟なんて、実はおもしろくも何ともない。想像してみるとよい。何といっても、ただひたすらべた一面の真っ青な空だけなのだ。やはり、ここには雲が浮かんでいることが重要だ。その相対距離によって、空の広さ、高さが認知できるのではないか。

北京の空は、その点で、実に単一的だ。晴れれば雲一つなく、晴れなければ、薄ぼんやり霞む。真っ青な空に、白い鰯雲が筋をなしてポクポク浮かぶ、そんな光景は滅多に見られない。これを〝天高〟と言い、〝晴空万里〟と言うのなら、どうにも詩趣に欠けると言わざるを得ない。

「月に群雲、花に風」とは、意のままにならぬことを和歌的世界に託して表現した言葉だが、漢詩の世界が〝天高気爽〟〝晴空万里〟を背景に持つのだとすると、意のままにならぬことを天空に託す気など、端から湧かないような気になる。そもそも雲が浮かぶことなど、望むべくもないのだから。あるいは、これは単に北方風土の偏頗さなのか。

「不義而富且貴，于我如浮雲」（正当な道によらずに富み、高い地位を得るのは、自分にとって浮き雲のようなものだ）〔述而第七〕と言った孔子が、もし北京にいたら、浮き雲は喉から手が出るほど欲しいもの、という意図になったかも知れない。それとも、南方の風土はこれとは異なり、その世界を主体とした詞

天津の秋空。雲が浮かび馴染みの空模様だ。カソリック教会、望海楼 ———

の世界では、詩心を誘うものとして雲が登場するのか……。

もう少し、精魂込めて古典を勉強しておけば良かったな、と今さらながら思う。

余墨点滴

二〇〇三年一〇月一五日早朝に打ち上げられた中国初の有人宇宙船神舟五号は、無事地球の周回軌道に乗った。地球との交信に応じた中国初の宇宙飛行士楊利偉は、〝我感覚良好《ウォーカンチュエリアンハオ》〟（気分は良好）と、その後しばしば流行語となる言葉を伝えた。彼は、地球の景色は美しいと印象を伝えたが、残念ながら万里の長城が見えたとは言わなかった。孔子のことば通り浮雲は取るに足りないもののようで、遙かかなたの高度数十㎞の〝天高〟で浮雲を足下に置いた楊利偉は、「不義」としてではなく英雄として富貴を手に入れた。

〝盤要碼？〟

北京の電脳街である中関村を歩くと、必ず寄ってくる胡散臭い人種がいる。どう見てもＩＴとは関係なさそうな、有り体に言えば、田舎者丸出しのおばちゃんやにいちゃんだ。その彼ら、彼女たちが売ろうとする〝盤《パン》〟とは、もちろんＣＤ-ＲＯＭの類だ。

人の顔を見るやいなや、誰それかまず発する〝盤要碼《パンヤオマ》？〟（盤いらない？）は、まるで呪文を唱えているか、挨拶ことばのように聞こえる。まだ首も据わらぬ乳飲み子を抱えた女性が、暗がりからぬっと出てきて、〝盤要碼？〟と唱えだしたのには度肝を抜かれた。この界隈では、〝你好《ニーハオ》〟と挨拶する代わりに〝盤要碼？〟と言うのかと錯覚しそうだ。

通りかかる人の姿を見るやいなや、〝盤要碼？〟と唱える姿を見ていると、何だか滑稽であると同時に、かつて同じように「呪文」を唱えていた光景を想起させる。九〇年代の末頃、この中関村一帯では、やはりこういう風体の人たちが、〝軟件《ルアンチエン》，軟件！〟（ソフト、ソフト！）と唱えていたものだ。ソフトと称してはいたが、実はパソコンソフトではなく、ゲームソフトでしかなかった（らしい）。この時も、乳飲み子を抱えた、いかにも農村ぽい日焼けした女性がいたものだ。

こうした手合いは、警察を極端に恐れる。公安の車が近づくだけで、みな、まさに蜂の子を散らすように大急ぎで逃げ出す。これも九〇年代と変わりがない。

中国政府は、知的財産権の保護を掲げ、海賊版の取締りに力を入れている。市中のDVD販売店が摘発されて店じまいしたとか、「ウラ情報」には事欠かない。それと、この〝盤要碼？〟のおばちゃんたちとは関係ないだろうが、海賊版DVDには手を出しても、どうもこのおばちゃんたちの「商品」には、食指が動かない。

もう少し怪しい雰囲気で、すっと寄ってきてポケットに「ブツ」を突っ込み、こちらは現ナマを向こうの手にねじ込む、こういう「商取引」形態にでもなれば、それはまた、そそられるところがあるのだが……。

余墨点滴

中関村は、北京西北部の地名。すぐ西側には広大な敷地を擁する北京大学があり、その理工系が「北大方正」等のIT企業を起業したため、この地域一帯が「電脳街」として発展することとなった。中国のシリコンバレーと譬える向きもあるが、どうひいき目に見ても、北京の秋葉原といった風情。〝海龍大廈《ハイロンターシャー》〟とか〝鼎好電子《ティンハオティエンズ》大廈〟、〝太平洋《タイピンヤン》大廈〟等の商業ビルが林立するが、その内部はいずれも個人商がブースを並べる形で、この点も秋葉原ラジオ会館に似る。

0±2

今日の天気予報は、最高気温二度、最低気温零下二度。何だか誤差表示みたいな数値だ。しかも今朝は、一週間に一度の朝イチの講義。八時から始まるので友誼賓館を七時四〇分に出る。起床は、したがって六時半。窓の外は、まだ真っ暗。

表はさすがに、「凍てつく」ということばが当てはまるような冷たい空気。しかし、迎えに来た運転手は平気な顔。寒い方が用心して風邪を引かない。なまじ暖かいと、気がゆるむし汗をかいて逆に風邪を引くのだ、と。特にこの運転手、今週の初めから、日曜日は雪だと「予想」していたから、そら見ろと言わんばかりに得意げだ。

最高気温が零度に達しない日を、日本の気象庁は「真冬日」と規定する。さらにいえば、最低気温が零度以下の日が、「冬日」だ。北海道や北日本では、これから真冬日が続き、いわば日常的かも知れない。関東以南にしか居住したことのない私は、しかし零度プラスマイナス二度という、冷蔵庫の中のような生活は、めったに経験しない領域だ。

ところが、これくらい寒くても、そして日が昇るのが遅く、沈むのも遅い土地柄だが、不思議と重たく鬱屈した気分にならない。

一つには湿気が適当にあること。秋の盛りのベタ一面の青空の頃は、最低相対湿度は一〇%しかなかったが、今日は案外湿度が高く、三〇%以上ある。

もう一つには、曇っているとはいえ、それほど厚い雲でないことか。空一面にふわっと光が回って、何だかシルクのスクリーン越しにライトが回っている感じ

東方紅。天安門広場に朝日が昇る。元日の朝 ———

だ。

これから、ますます寒くなりますよと、北京在住一三年の事務主任は脅かすが、この寒さ、私は嫌いではない。むしろ、カラカラに乾いた夏の方が嫌だった。このくらいの寒さで、しかも東京より湿度が高い、今日のような天気なら、二、三年暮らしても良いかな、とさえ思う。明日は、いよいよ「真冬日」が予報されている。

ぬくぬく暖かそうに見えて、そのくせどこからすきま風が忍び込むか油断のならない本務校の研究室よりは、見るからに寒い、そして実際寒い、そんな環境に身を置く方が潔い。

余墨点滴

北京は、緯度が高いから、夜明けの時間が遅く日没も遅いのだと誤解していた。昼間時間（日の出から日没までの時間）の長短では緯度の高低が関わるが、日の出時刻が遅いのは、標準時間とする経度と北京地方との経度差が原因だ。北京標準時間は東経一二〇度が基準だが、実際の北京は東経一一六度で、四度ほど西にあたる。東経一二〇度は、南京（一一九度）と上海（一二一度）に近い。このため、北京での南中時刻は、標準時としての北京時間より一五分ほど後に来る。このズレが、北京での生活で違和感をもたらす。たとえば、新年元日の日の出時刻が七時三五分、日の入り時刻が五時という事態（「北京でブロードウェイ」参照）は、この標準時間と実位置とのズレによって生じる。

東京は、元日の日の出は六時五〇分くらい、日の入りは一六時四〇分くらい。東京は東経一三九度で、一三五度の標準時経度より、四度東にある。標準時経度より四度東側の東京と標準時経度より四度西側にある北京では、日の出日の入り時刻に三〇分の差が出ることになる。東京（及び近郊）で五〇年暮らし、日の出日の入りを体験的に感じていた人間が、北京で違和感を覚えるのも当然の理屈なのだ。

・・・・・・・

師走に走る

一二月に入って、にわかに講演会、学会が目白押しとなった。四日にＪＡＬの北京支店主催の文化講演会「字幕で見る北京　白井啓介が語る！　中国映画の世界」という企画でひと肌脱いだのを皮切りに、週明けには洛陽で出張講演。帰るやいなや、ＪＩＣＡ（国際協力機構）主催の日本語作文コンクール入賞者向けに異文化体験について講演。

さらに今週は、月曜日に社会科学院文学研究所の「東アジアの歴史記憶と経験共同体」というシンポジウムで「中国早期電影中的〝美国影像〟（中国初期映画の中の〝アメリカの影〟）」とのタイトルで研究報告。二五日のクリスマスには、山東大学威海分校で行なわれる「日本文化祭」で「日本における中国映画と字幕翻訳」と題して講演する予定だ。

北京に滞在して九か月。これまで、北京大学と上海大学で行なわれた「電影百年記念シンポジウム」で報告を行なったくらいで、センターの講演以外では、あまり講演や研究報告を行なわずにすんだ。ところが、一二月に入ると、まさに「師走」とばかりにあちこちに呼び出される仕儀となった。

どうやら、これは中国の会計年度と関わりそうなニオイもある。一月から一二月、年度を超えて執行できない。ということは、予算が残ったり、予定していた計画が順調に執行できなかった場合、その予算をどう処理するか、大問題となる。残すのも具合が悪い。そこで、どこの国でも思い立つのが、予算の消化。あるいは、年度内ぎりぎりの駆け込み実施。

上記の企画が、すべてそうだというわけではない。たまたま計画が延び延びとなり、一二月まで持ち越した事例もある。でも、何でよりによって皆一二月なのか。何となく、三月に集中する東京の道路工事を連想してしまうではないか。もっとも、私たち日本人とは、一二月の捉え方が違うという点も忘れてはいけない。もともとは、クリスマスも新年元旦も関係はなく、春節までは、あくまでも平日みたいなものなのだから。

いくら師走とはいえ、何だか、一年分の講演と学会報告を、一か月でこなしている感じだ。師走、師走と……。

余墨点滴

山東大学威海分校での講演は、実際は延期となった。威海へ行くには、北京から航空便利用だと、威海直行か、煙台に降りて車で行くのがルート。この時はあいにくの大雪で、威海空港は閉鎖。煙台からの国道も凍結で通行止めとなってしまったのだ。こんな大雪は珍しいとのことだったが、雪が少ない地方だけに対応が不慣れな事情も重なったようだ。交通網が飛躍的に発達しつつあるとはいえ、中国国内の移動では、まだこうした不測の事態は起こりうる。山東威海については、「アウトサイド北京・山東威海」参照。

〝人影稀疎〟と〝堵車〟の弁証法

一月も第三週に入ると、大学が冬休みに入る。中学高校も、第四週くらいからは休みだ。会社や役所も、第二週の週末に〝春節聯誼会《チュンチエリエンイホイ》〟（日本流に言えば忘年会）を盛大に開いたところが多いようだ。聞けば、どこも抽選会が行なわれ、景気の良い会社では賞金千五百元（約二万三千日本円）が何本、二千元（約三万日本円）が何本、そして一等は三千元（約四万五千日本円）とか。しかもそれが現金というから、豪気だ。

第二週の週末から第三週にかけて、街角にある切符売り場に行列ができ、故郷へ帰る切符を手に入れる人たちの姿が目についた。新聞によると、この季節の人口移動を〝春運《チュンユン》〟と呼ぶようだ。つまり「帰省ラッシュ」というところ。

第三週の半ばくらいから、大学街では人影がずいぶん少なくなった。二〇日の金曜日などは、いつも昼時に混雑する飯屋も、ピーク時に出かけても座れるくらい。朝夕の出退勤時も、バスがだいぶ空いてきたように感じる。

一方、第二週の週末あたりから、大型ショッピングモールが建ち並ぶ四環路や北三環路などは、「歳末」の買い出しや贈答品の購入に車で出かける人が多く、どこも〝堵車《トゥチョー》〟（渋滞）。しかも、通常のラッシュ・アワーとは異なる時間帯で渋滞が起きるので厄介だ。二一日の土曜日と二二日の日曜日は、特にこの買い物渋滞がひどかった。タクシーの運転手に訊ねると、一日中渋滞で、普段の半分も走れないとか。どうやら東京と同じで、サンデードライバーがどっと街に繰り出した格好で、そういうドライバーは、不慣れな道は走りたくないから、どうしても主要道路に集中する、ということが原因のようだ。

すべての人が、故郷へ帰って春節を祝えるわけでもない。我が日本学研究センターの契約清掃会社のお姉さんは、故郷に帰っても〝受罪《ショウツェイ》〟（難儀）だと言う。湖北省の武漢から来ているそうだが、どんな事情があるのか、こんな遠くに出てきた時から、故郷はもうないも同じだ、と遠くを見つめながら語っていた。

春節直前の今は、まさに歳末の風景と言えそうだ。それぞれの思いを託して、暦は切り替わる。

余墨点滴

中国鉄道部によると、春節前一五日間と春節後二五日間の合わせて四〇日間を、〝春運〟期間と規定する。この年は、春節当日の二日前が帰省のピークと想定され、この日だけで二八万人が北京駅、北京西駅を利用して各地に向けて旅発つと予測された。また、〝春運〟全期間中北京地区だけで、六七八万五千人が移動すると見込まれた。北京の人口は、二〇〇〇年の人口調査では約一三八〇万人だから、その二分の一が移動する計算になる。この期間に北京への帰省等流入者もいるだろうから、単純にこの人数が引き算されるわけではないにせよ、数量としてはまだ少数派の飛行機利用とマイカーでの帰省を含めると、やはり居住人口の半数近くが北京から姿を消す格好となる。

〝元宵〟

旧暦正月一五日を、〝元宵節《ユアンシアオチエ》〟と呼ぶのは、すでに周知のこと。道教の三元信仰（上元・中元・下元）と提灯を吊して祭る仏教信仰との混淆と言う。そしてその時食べる団子を、これまた〝元宵《ユアンシアオ》〟と呼ぶことも知られたことだ。

北京のスーパーや食品店では、元宵節前、この〝元宵《ユアンシアオ》〟の販売が花盛りだ。以前は、籠やボウルに餅米粉を入れて、その中で餡（サンザシやクルミ、ゴマ）を転がし（〝揺《ヤオ》元宵〟）、各家庭で手作りしたとのことだが、今は、手軽にスーパーで「生」〝元宵〟を買って来て茹でるだけ、らしい。先日、中国人の先生のお宅で、〝元宵《ユアンシアオ》〟を作る実地体験をさせてもらった。何回も転がして衣を重ねるように作るが、これが結構手間がかかるわりに、たかが茹で団子ができ上がるだけで、コストパフォーマンスは低い。それならスーパーで買おう、となるのも無理からぬところだ。

大体北京の菓子というのは、干した木の実とか薄ーい小麦粉の〝煎餅《チエンビン》〟（まるで発泡スチロールみたい）でクルミのペースト餡を挟んだ〝茯苓餅《フーリンピン》〟とか、とにかくうまくないものが多い。そんな甘い菓子の少ない北京で、この〝元宵《ユアンシアオ》〟は珍しく甘い。熱い湯で煮て、これを、ふうふういいながら食するが、正直言って、ただ甘いだけで、さほど深みや広がりのある味ではない。

こういう食べ物のほかは、提灯を飾る風習が、元宵節の夜を彩る。今の北京では、もはや朝陽公園の〝灯会《ドンホイ》〟（灯籠祭）くらいになってしまったようだ。仏教説話風のものから、ハートを象った「バラの誓い」といったバレンタインものまで、広い敷地内にまさに雑然と並

バラの誓い。神舟六号の勇ましい電飾より、こちらの方が可愛い。朝陽公園にて ――――

ぶ。さらには、今もっともホットなオリンピックものや「神舟六号」等、時代を映す灯籠もある。朝陽区の企業や自治体が提供（「奉納」）するが、しかし、どれも風雅さに欠け、ただの電飾というか、電気で光る「灯籠」というか、そんなものばかり。どうやら、民間習俗の「粋」は伝承されていないようだ。

旧暦一五日ということは、満月である。前後左右対称や、東西南北天地、いずれも欠けることなく満ちあふれた無限の安定状態を愛でる漢民族は、中秋といい、元宵といい、ことのほか愛好する。欠けるがゆえに次なる動きを予感させる、そういう不安定、非対称の動態を好む我らとは、美意識が異なるのだろう。

――元宵節

余墨点滴

中国二回目の有人宇宙船神舟六号は、二〇〇五年一〇月一二日午前九時に打ち上げられ、同一七日午前四時三三分（いずれも北京時間）無事帰還した。初の有人宇宙船神舟五号（「浮雲」参照）は、宇宙飛行士一名だったが、六号では二名の飛行士が乗り組んだ。この神舟六号は、当時北京に滞在した日本人にとっても、実に救いの星だった。一〇月一七日、日本では靖国神社の秋季例大祭に小泉純一郎総理大臣（当時）が参拝を行なったとのニュースを伝えたが、北京では神舟六号無事帰還のニュースが一面を飾り、靖国ニュースを覆い隠してくれたからだ。もし、神舟六号の帰還がもう一日早いか遅いかしたら、またまた靖国参拝で反日ムードが高まったかも知れない状態だったのだ。あるいは、日中双方政府筋では、その辺のタイミングを見計らっていたの…かも知れない。

〝年軽一点兒的！〟

北京で生活して、早一一か月。この街では、年寄りに対する優しさが、日本とは違う形で発揮されていることを感じる。

バスや地下鉄で、席を譲ることは、まあ日本と同じレベルだ。年寄りを見るやいなや、皆こぞって席を譲る、というわけではない。特に城内の繁華街ほど、席を譲る人は少なくなる。

ところが、バスの車掌が、これが冷たそうでいて、案外細やかに気配りをする。先日乗ったバスでは、あいにく席が空いていなかった。そこで立ってバーに摑まっていたところ、孫を連れたお祖母ちゃんらしき人に、その子を膝の上に抱えて席を空けろ、と車掌が指示する。そのお祖母ちゃんも、ごく当然といった風に孫を抱きかかえ、私に席を空けてくれた。

また別の日には、車掌のおばちゃんが、私の姿を認めるやいなや、〝年軽《ニエンチン》一点兒《イーティアル》的《タ》譲座《ランツォ》！〟（若めの人、席を譲って）と辺りを見回し、私と年格好がどっこいどっこいの男性を立たせてしまった。私との違いは、髪の毛の色と量くらいなのに、この男性氏、嫌そうな顔もせず席を譲ってくれる。

普段、買い物に行くスーパーで、いつも冷たそうにつっけんどんな店員が、レジで戸惑ったりしていると、慌てずゆっくりでいいと制し、なおかつ商品を丁寧にレジ袋に詰めてくれる。さしずめ〝空巣老人《コンチャオラオレン》〟(「春節回家・参加会議」参照)、つまり一人暮らしの老人とでも見なしているのだろう。

お年寄りに、入浴サービスとか散髪サービスとかを、年に一回九月中旬にだけ振る舞うことと、こうした日常的な心遣いと、配慮の仕方がずいぶん違うものだ。もちろん、中国が年寄りに常に優しく敬老精神が行き渡っている、とは言えない。若者は、混み合った地下鉄やバスの中で、老人を差し置いてさっさと席を奪ったりなど、平気な顔でやる。

だが、バスの車掌やスーパーのおばちゃんに見られるように、何とかすれば都合がつきそうな時、ちょっとした気遣いの中に、やはり高齢者をいたわる心が現れる。

そんなことを体感できるようになったのも、言ってみれば年の功。あるいは、もっと有り体に言えば、頭髪が薄くなってきた効用と言える。

余墨点滴

バスで、若い女性が席を譲ってくれることがある。この際、女性は私の手を取り、さらに脇の辺りに手を回して私を席に導く。私は、おっとっととバスの揺れにバランスを失いながら、遠慮なく彼女の手を握り身を任せる。これは、正真正銘の親切へのまっとうな応え方である。こういう場合、中国の女性は、他人との距離が密着気味になることを、あまり厭わない。こちらも、ごく自然に身を任せて、相手に密着するだけだ。年寄りになるのも、案外悪くない。

III モノとヒト

〝飲水機〟

昨日の土曜日、近くの「大中電器」という店で〝飲水機《インシュェイチー》〟なるものを購入。日本学研究センターにはもちろん、ちょっと気をつけて見ると、街中のお店にも必ずといって良いほど置いてある。三ガロンとか五ガロンの水タンク（ミネラルウォーター）を載せ、下には蛇口が二つ。一つは熱湯、もう一つは常温水（グレードが上のものでは冷水）が出るようになっている。お茶をよく飲む中国人には必備の装置とか。

北京友誼賓館の長期滞在者用のアパート（「頤園」と名付けられている）に移ってみたら、

他の人の居室には、前任者、前前任者らが購入した〝飲水機〟が置いてある。お水は、この「頤園」のフロントに頼むと直ぐに置いていってくれるそうで、わざわざ重いミネラルウォーターを買いに行く必要もない。

そこで、思い立って買いに行ったのだが、果たしてこんな器械、自分で運べるだろうかと少し不安があった。お店のお姉さんは〝没問題《メイウェンティ》〟（大丈夫）と気楽に言うだけ。お金を払い（金の払い方は、相変わらず――売り場で切ってもらった伝票を持って、客が支払いカウンターに出向き、お金を払い、領収印の押された伝票をもらってもう一度売り場に戻り、それを渡して品物を受け取る）、売り場に戻ると、お姉さんが段ボールに入った

飲水機のあるキッチン ――――

〝飲水機〟を指し、〝你拿着《ニーナーチョ》，很軽《ヘンチン》！〟（持ってごらんなさい、軽いから）と言う。よし、それならと両手で持ち上げると、何だ！　と拍子抜けするほど軽い。考えてみれば当たり前だが、水を熱したりくみ出す熱線とモーターが付いただけの器械だ。本体は合成樹脂製だから、重いはずもない。

通常は、水がたっぷり入った状態のものに触れているわけで、そのために重い、との印象を抱くようになったのだろうか。

意気揚々と設置したのだが、お水屋さんは今日は休みで、月曜にならないと来ないとのこと。この「頤園」の服務員さんは、とてもてきぱきと仕事をしてくれるので安心できる。明日の月曜日、センターに出勤している間に、お水を設置しておいてくれるはずだ。

それにしても、〝飲水機〟、日本にないのはなぜなのだろう。殺菌、抗菌、浄水等々に関心が高いためか、こんなもの大して付加価値も高くないから、金額的に高くとれないからか。はたまた水道水がそのまま飲める（ことになっている）日本だからか？

でも、自分で「沸いてくれる」水って、便利じゃない？　ちなみにお値段は、私の買ったタイプは最安値の機種で、一台九九元（約一五〇〇円）。

月曜日が楽しみになった。

余墨点滴

北京では、水の供給網がすでに完備され、いたるところに「水屋」（中国語で正確に何と呼ぶのかは知らない。ただ〝送水的《ソンシュェイタ》〟と呼んでいたから）が開かれている。自転車の後ろに荷台を付けた三輪車（昔日本によくあったリヤカーにも似るが、自転車後部に溶接留めされている）に、一八リットル入り水タンクをいくつも乗せて運ぶ、水屋さんの姿をよく見かける。ただし、一時期、その水が怪しいと物議を醸したこともある。天然水とか、どこそこの鉱泉水とかうたっているくせに、本当はただの水道水だったとか、池の溜まり水だったとか、そういう類の「危ない」話には事欠かない。

「飲水機」は、我が国でもいくつかの商品名で発売、リースされ、またショールームなどに設置されだしている。問題は、水の供給だろうが、これが日本中に広まるのかどうか。

雨傘

五月第三週の月曜日、午後から雨が降った。北京では珍しいくらいの雨量で、傘なしでは歩くのがためらわれる。といっても、日本なら小雨とは言わないまでも、大した雨とは見なされないだろう。それでも、春先から数えて三回目くらいの雨だから、乾ききった街中の木々の緑は一気に潤いを加えていたし、何と言っても空気がしっとりして心地よい。

そんな中で、近頃の中国の「ビジネス」が見える光景に出会った。普段、新聞を売っているスタンドで、傘を売っているのだ。通常は、〝晩報《ワンパオ》！　晩報！〟（夕刊！、夕刊！）と連呼するハンドマイク（多分エンドレス録音）が、この時ばかりは〝雨傘《ユィサン》！　十塊銭一把《シークアイチエンイーバー》！　雨傘！〟（雨傘！、一本一〇元！）と連呼している。なるほどね、必要な時に必要なものを売る、これが商売の鉄則に違いない。日本でなら、さしずめコンビニや駅の売店で、にわかにビニール傘が並ぶのに等しい。北京では、コンビニもあることはあるが、店舗数は圧倒的に少なく、ああ、あそこの街並みで見かけたな、という程度にしか存在していない。

　そこで、雨傘を買うことは、コンビニには期待できない。もちろんデパートなどへ行けば傘売り場があるにはある。ところが、これがまた寂しい。日本のデパートなら、一階の目につく場所に、目にも鮮やかな傘が並ぶが、北京のデパートは、よく捜さないと傘売り場が見つからないくらいだ。しかも、そのほとんどが折りたたみ傘だ。

　それはそうだよな、一か月に一回降るか降らないかの雨に対して、皆そんなに用意を調えないものだ。雨が降っても、たいていは、急いで走っていけば何とかしのげる

北京ではお目にかかれない器具。
上海大学大学会館入り口の傘立て ——

程度の雨だ。必要のないものは買わない、これも消費者の鉄則だ。私だって、北京では傘を買っていない（同僚からお情けでビニール傘をもらったけど）。きれいでおしゃれな傘を何本も持つ、日本の女性のような「傘趣味」は生じないのだろう。

そこで、ブックスタンド。大した雨ではなくとも、やはりあった方が濡れなくてすむ。ここでも折りたたみ傘だが、一本一〇元という絶妙の値付け。タクシーの初乗り料金が一〇元。タクシーに乗るか傘を買うか、実に微妙な選択肢を提供するのだ。しかも雨の日は、タクシーがつかまらないというのは、ほとんど万国共通だ。あなたならどちらを選択します……？

余墨点滴

東京、北京、上海の平均降水量（単位㎜）

	一月	二月	三月	四月	五月	六月	七月	八月	九月	一〇月	一一月	一二月	年間
東京	48.6	60.2	114.5	130.3	128.0	164.9	161.5	155.1	208.5	163.1	92.5	39.6	1466.7
北京	2.9	5.3	8.3	21.4	33.7	78.6	185.5	160.4	45.8	22.1	7.8	3.4	575.2
上海	81.1	37.1	98.9	60.8	88.3	171.8	140.1	255.1	83.1	57.0	46.4	35.3	1155.1

――国立天文台『理科年表　平成一九年』（丸善、二〇〇六年）による

北京の降水量は、三月は東京の十分の一以下、四月で六分の一、五月だと四分の一、六月には二分の一、七月にようやく東京を上回る。年間降雨量では、東京の三分の一しかない。しかし実感としては、こういう統計上の数値以上に、雨は少なく感じる。一方、上海は、年間降雨量では東京を下回るが、八月の降雨量は半端ではない。

電気蚊取り器

こういうと、ほとんどの人は、小さな板状の殺虫剤を電気的に温めて蚊を落とす、あのマットを想定することだろう。北京でもその種の電気蚊取器はすでに広まっている。だがここで取り上げるのは、北京で密かに流行る、もう一つの「電気蚊取り器」だ。

形状は、ちょっと小ぶりのテニスラケットを想起してもらいたい。ラケットのガットの部分に金属線が横に張ってある。ラケットの柄の部分に単三電池を入れ、準備は完了。あとは、憎らしい蚊が飛んできたら、そのラケットの金属線で蚊をはたくのだが、この際柄の部分にあるスイッチを入れると、金属線に通電して蚊を焼き殺せる、という仕組みだ。

能書きに曰く――

長年にわたり蚊は、人々に尽きせぬ悩みをもたらし続けた。ところが、国内国外を問わずいまだに理想的な蚊取り器具というものはない。小社は独自の開発により〝電蚊拍《ティエンウェンパイ》〟（電気蚊取りラケット）を製品化するにいたった。わずかに単三電池二個だけで電線内の電圧を上げ、蚊がここに触れるやいなや、たちどころに撃滅。……福州九星企業集団有限会社謹製。

三六元（五五〇円ほど）、これで蚊を退治できるなら高くはない。期待に胸を膨らませて、蚊の到来を待った。ところが、蚊というやつは、こちらがラケットを手に待ち構えている時には来てくれない。何か仕事に熱中している時とか、夜、明かりを消してベッドに入った時などに、プ～～ン、とやってくる。そうだ、ラケットだ、と捜しに行っている間にどこかにいなくなってしまう。クソッ、逃げられたか！　と再び仕事を開始する、あるいはベッドに入り直す。するとまた、プ～～ン、なのだ。仕事中もラケットを手に、パソコンに向かうか、あるいは、ラケットを手にしてベッドに横になるか。う～ん、どちらもいまいち現実味が乏しい……。

しかも、私の居室は四階。蚊もそれほど舞い込んでこない。四月終わり頃、一匹侵入していたのだが、私の平手攻撃であえなく撃墜されてしまったので、現在は、残念ながら不法残留はいない。そうなると、この新兵器を試す機会がなかなか来ない。新秘密兵器を手に入れた独裁国家の支配者のように、これを試したくてしょうがない。そうだ、どこかで蚊を仕入れて、それを飛ばしてみようか……。

それにしても、これが「理想的な蚊取り器」とはねえ～？

余墨点滴

その後、このラケット型電気蚊取り器を製造する福州九星企業集団のオフィシャルサイトを開いてみると、今では「電子感応式自動開閉ゴミ箱」の製造販売に力を入れているようだ。もちろん、「電蚊拍」も相変わらず取り扱っている。この他、電子足温板、電子ゆで卵器、視力保護ペン、電子針灸マッサージ器等々。なかなか技術革新、最先端ＩＴ技術の取り込みに熱心な企業のようだ。それにしても、何というか、隙間商品のオンパレードのような商品ラインナップで楽しくなる。

……このラケット型電氣蚊取り器は、実は、しばらく前から日本国内でも商品化され、ホームセンターやネット上で流通している。

――ラケット型電気蚊取り器実践報告

ラケット型電気蚊取り器の「正しい用法」について教示してくれる方があった。私もその後実戦経験を積む機会を得たので、それを報告しておく。

数日前、私が書斎に使っている一室に、蚊が一匹迷い込んできた。ところがこの書斎、元々ベッドルームを想定して作られているため、天井の電気が暗い。机の上は、そこでスタンドが二基も置かれて照度を確保している。ということは、机の上とその他では、照度に大きな差ができる。これは、平手で蚊を退治するには実に具合の悪い環境である。そこへ蚊だ。手で追い払っても、またしばらくするとプ～ンと来る。何度か追い払った後、そうだ、ラケット型電気蚊取り器だ、と思いだした。だが、例によってラケットを手に持っている時には蚊の姿は見えない。その時、フッと机の下に入っていく蚊の姿が見えた。今だ、とばかりに、私はラケットの電源をONにしたまま、机の下でラケットを振り回した。数回振り回してみて、まさかね、と何気なくラケットのガットの部分に目をやると、いる！ ひからびた蚊が、金属線の上に貼り付いている。やった！ 実に勝利の愉悦に浸ったのだった。

私は、ご教示いただいた「正しい用法」を知る前にこの実戦経験を経たが、この実践例と「正しい用法」、実に見事に符合する。こういう使い方をするなら、なるほど効果は高い。福州九星企業集団有限会社の名誉のために言っておく。「正しい用法」のような使い方は、ユニバーサリティが高くないが、ある特定の空間に蚊がいて、それをはっきりと目視できないような環境では、かなり有効な蚊取り効果があることが実証できる。「理想的」とは言えないが、ある特定の環境では極めて有効な「利器」ではある。

カップ・ヌードル

これ、日清の登録商標の、あのカップ・ヌードル。ここ北京では、このカップ・ヌードルが三系統ある。一つは、時として〝抵制日貨《ティチィリーフォ》〟（日本商品不買）の風潮の中で標的にされかねない日本からの輸入品、正真正銘のCUP NOODLE。一個一九元（約三〇〇円）ほどする。次に香港製の〝合味道《ホーウエイタオ》〟（広東語ならハップメイダウ）、これが約半額の九元（約一五〇円）ほど。そして中国大陸製（上海）の〝開杯楽《カイペイロー》〟（上海語ならケーペーロッ）、これが輸入品の約五分の一の四元（約六〇円）ほど。値段から見ると、中国製が圧勝だが、これがそうは行かない。なぜなら、それぞれ味が違うからだ。日本製は、お馴染みの「オリジナル」「シーフード」の他に、日本ではあまり見かけない「チーズカレー」というのがある。一方の香港製〝合味道〟は、スープの味が八、九種類。チキン味、海鮮、キノコ、牛肉、五目ポーク（これが日本製オリジナルに近い）、香辣海鮮、エビ、カニ（カニかま入り）等々。中国製は、「五香牛肉」「カレー」「イタリアンビーフ」「シーフード」「濃香叉焼」がある。しかもスーパーに行けば、この三系統がどこでも揃うわけではない。中国系スーパーでは「開杯楽」しかない場合が多く、日本製品を扱うスーパー(デパート地下のスーパー等）でないと日本製は手に入らない。香港製は、まだ少数派だ。

いくつかを試してみた感想としては、香港製の〝合味道〟も上海製の〝開杯楽〟も、麵は一応カップヌードル基準で統一されている感じ（〝開杯楽〟がやや軟弱派か?）。他の中国製カップ麵（例えば〝康師傅《カンシーフ》〟等）は、概してスープは良いのだが麵がグジュグジュでうまくない場合が多い。これに対し、上海製の〝開杯楽〟でもアドバンテージがある。香港製の〝合味道〟も、その点では十分合格点以上をクリアしている。その上、〝合味道〟は選択に困るほどスープ味が豊富で、それぞれ特徴ある味付け、と言えそう。〝開杯楽〟も、中国人の口に合いそうな、あるいは今の流行に合いそうな、そういう味付けを選択しているようだ。

で、どれがおいしいかと言うと、個人の好みの問題もあろうし、すべてを試したわけではないので最終評価は下せないが、私的には〝合味道〟のチキン味が気に入っている。当分、いざという時に備えての常備カップヌードルは、このチキン味を軸に配備されることになりそうだ。

余墨点滴

日清CUP NOODLEオフィシャルサイトによると、中国（上海）製〝開杯楽〟には、次の六種があるとのこと。五香牛肉麺（ビーフ）、海鮮麺（シーフード）、意大利牛肉麺（イタリアンビーフ）、蝦仁原味麺（エビオリジナル）、香濃叉焼麺（チャーシュー）、咖喱牛肉麺（カレー）。一方の香港製〝合味道〟は、以下の一一種類。什錦（五目）、鶏肉（チキン）、蟹柳（カニ）、冬菇鶏肉（チキンマッシュルーム）、五香牛肉（ビーフ）、香辣海鮮（スパイシーシーフード）、海鮮（シーフード）、咖喱海鮮（シーフードカレー）、香辣牛肉（スパイシービーフ）、蝦（シュリンプ）、XO醬海鮮（XO醬シーフード）。こうして見ると、五香牛肉（ビーフ）と海鮮（シーフード）が重なるものの、その他はそれぞれ別の味付け。また、実際店頭に並ぶ商品は、香港製と上海製が、絶妙の取り合わせで取捨選択され、競合を避けているように見受ける。

〝藍苺蛋糕〟

中国語でイチゴのことは〝草苺《ツァオメイ》〟と言うから、〝藍苺《ランメイ》〟はブルーベリーのことだと推測できる。〝蛋糕《タンカオ》〟は、ケーキのことだから、〝藍苺蛋糕《ランメイタンカオ》〟がブルーベリー・ケーキのことだとは、論理的に帰結するところだ。

このところ、北京の西側にもちょっと洒落た喫茶店が店を構え始めている。私の生活圏の中でも、三、四店はある。この中、中国全土にフランチャイズ展開しているUBCコーヒーは、日本のUCC上島珈琲が台湾に上陸し、そこで展開した後、今度は台湾企業として大陸に「侵攻」した「加盟」式珈琲店だ。

一方、独立経営の喫茶店も、いくつかある。近辺で言えば、彫刻時光、愛上層楼、そしてこのところ足繁く通うお気に入りのYellow Stoneだ。これらの中、UBC上島珈琲は、喫茶店としては禁じ手と言えそうな食事を出すことが特徴で、立派な中華ランチ、たとえば〝魚香肉絲《ユィシアンロウスー》〟定食とか〝宮保鶏丁《コンパオチーティン》〟定食などが用意される。そのくせ、ケーキの類がない。

彫刻時光は、これに対し正統派と言える存在で、用意する食事は、サンドイッチ、パスタ、ピザ止まり。その代わり、洒落たケーキを用意する。台湾から留学していたオーナーが、北京にまともな喫茶店がないのに業を煮やし、自ら店を始めたのだと言う。我がお気に入りのYellow Stoneも、〝老板《ラオパン》〟（主人）は日本に留学していたと言うが、ここも出す料理はグラタンやシチュー系で、喫茶店というより洒落たオープンカフェだ。

ところで、こうした正統派喫茶店に用意されるケーキの種類には、一種の共通項がある。チーズケーキ、チョコレートケーキのほかに、必ずといって良いほど〝藍苺蛋糕《ランメイタンカオ》〟が並ぶのだ。苺のショートケーキもなく、モンブランもない。ましてやシュークリームなど、影も形もない。それなのにブルーベリーなのだから、日本人の私の目には奇異に映る。

ケーキが日常生活に入り込んで、まだ日の浅い北京。何が定番になっていくのか、一〇年後くらいには趨勢が見えるだろうか。あるいは、それを確かめたくても、私が元気に北京に来られない、そっちが先になるかも知れない。

余墨点滴

工人体育館（朝陽区工人体育館北路）脇にある「泰笛黛斯（テイスティ・テイスト）」は、こうした市内の一般的ケーキ市場からすると、異次元のランクだ。日本の留学生なども愛好するというが、その種類の多さ、本格的なパティシエ風のケーキ作り、どれをとっても一流だろう。ここへ行けば、新鮮な生クリームたっぷりの、日本人好みのケーキが色とりどりに並んでいる。ただし、イチゴのショートケーキというのは、日本発のケーキだそうだから、世界中どこでもありつけるわけではない。

——タクシードライバー

北京で暮らし始めた当初、足はタクシーに頼ることが多かった。二、三か月して少し慣れてからはバスを利用するようになった。決まった路線を走るから、道を覚えるのに好都合だった。最近は、行きはバスで、そして買い物で荷物が増えた時や、芝居を見て夜遅くなった時、要するに帰りはタクシーが多い。

タクシーの良さは、運転手とよもやま話ができることだ。街の噂や近頃の風潮など、その時々の話題でいろいろな話が飛び出す。

運転手という人間には、二種類あると思う。一種類は、客にあわせてとりとめのない話をよく喋る人種。もう一種類は、むっつり口が重く余計なことは言わない人種。だが、そのどちらも「危ない」感じの人間には、結局出会っていない。北京のタクシー運転手には、客が道を知らないことを良いことに、遠回りをして料金を稼ぐ輩がいると言われるが、そういう手合いには、幸い出会っていない。と言うよりも、そういう運転手、街を流しているタクシーにはほとんどいないのではないか、と感じる。

概して、北京人の運転手がおもしろい。夏の頃、たまたま拾った一・二〇元のぼろシャレード（北京のタクシーは、新型の〝現代《シエンタイ》〟（韓国製）に急速に移行しつつあり、その単価は一・六〇元）の運転手。まるで、俳優の葛優のような流れる北京語の口調で、乗り込むやいなや、「お客さん、悪いけど窓を開けてね。この車、クーラーはないし、ボロでどこもいいとこないけど、たった一つ、安いことだけが取り柄だから」と。お客さんの目的地、友誼賓館まで他の車より五元は安く行けるよ、とも。確かに、その通りだった。

クリスマスイブに乗ったタクシーは、新型の「現代」だったが、やはり北京人らしい運転手。友誼賓館までの道路状況をラジオの〝路況信息《ルークアンシンシー》〟（道路交通情報）で聞きながら、さながら人間ＶＩＣＳ（Vehicle Information & Communication System）のように、渋滞箇所を避け次々道筋を変更する。それでも渋滞に引っ掛かると、ラジオで音楽を聴かせたり、挙げ句の果てはタバコでも吸う？ときた。結局、渋滞路を迂回し、ラジオで「コンサートのため周辺が滞っている」と報じられた首都体育館前の通りを避けたため、それほど時間がかからずに友誼賓館に到着。どうだい、俺のルートの採り方は、と鼻高々。こういう時はもちろん、そうだよ、運転手さんのおかげで快適だった、とお愛想を言うことにしている。

余墨点滴

葛優（一九五七〜）は、現代の男優。まくし立てる北京語の台詞の滑らかさと、スキンヘッド（初期には頭髪を残してい

タクシーのいる光景。右「現代」、左“夏麗”（シャレード）セダン、左奥日陰部分には“大衆”(VW)の“捷達”(JETTA)。初春の学院南路 ———

た）の独特の容貌、達者な人物造形で絶大な人気がある。張芸謀監督の一九九三年作品『活着（生きる）』で大ヒット。近作では、一九九八年以来のお正月映画（『甲方乙方（夢の請負人）』、『不見不散（遥かな想い　チャイニーズ・ドリーム in U.S.A）』、『没完没了（ミレニアム・ラブ）』、『大腕（ハッピー・フューネラル）』いずれも馮小剛監督）でそのひょうきんさを遺憾なく発揮したが、二〇〇四年の正月映画『手機（携帯電話）』では、カツラを付けてややシリアスな面も見せている。二〇〇五年の『窒息』では、サイコスリラーにも挑戦したが、不発に終わる。我が国公開作品では、『覇王別姫』で、パトロンの軍人役を演じ、異様な雰囲気を醸していたことで印象に残る。

IV 北京考現学——街とヒト

私語厳禁

今回北京に滞在して、飲食店が飛躍的に増え、衛生、サービス共に満足行く状態であること、交通も混雑はあるものの、車掌さんの説明やサービスが大幅に向上してきたことを実感した。お店の販売員も、客の要求する品物をうるさいくらい丁寧に用意しようとする。おそらく、サービスが金になること（顧客の満足度、リピート率向上）を身にしみて感じるようになったのだと思う。

だが、変わらないことがある。それは、営業中の私語だ。暇にブラブラしているのだから良

いだろうと考えているのか、とにかく手が空いている店員は、実によくしゃべっている。たとえば、スーパーの店員（これが不思議なくらい大勢いる）、スーパーなのだから、レジとあとは商品案内係が少々いれば良いのにと私なんか思うが、このおばちゃんたち、商品棚のそばで立っているのはいいが、あんまり親切に案内してくれない。ドレッシング（たとえば〝千島醤《チエンタオチアン》〟）はどこ？　と訊いても、指と鼻で指し示すくらい。では、このおばちゃんの仕事は何かと言えば、我が同僚の副主任先生は、商品の見張りです（万引き対策）、間違いない、と言う。

　ところでこのおばちゃんたち、実によくしゃべっている。昨日どこそこで誰それに会ったけど……等々うわさ話のようなこと、要するに私語だ。職務中だぞ！　と叱る人がいないのが不思議だ。そんなおしゃべりに夢中の時、私のような訳の分からぬ「老人」が、〝千島醤〟はどこですかなどと訊ねようものなら、それはけんどんに、あそこよと鼻であしらうことになる。

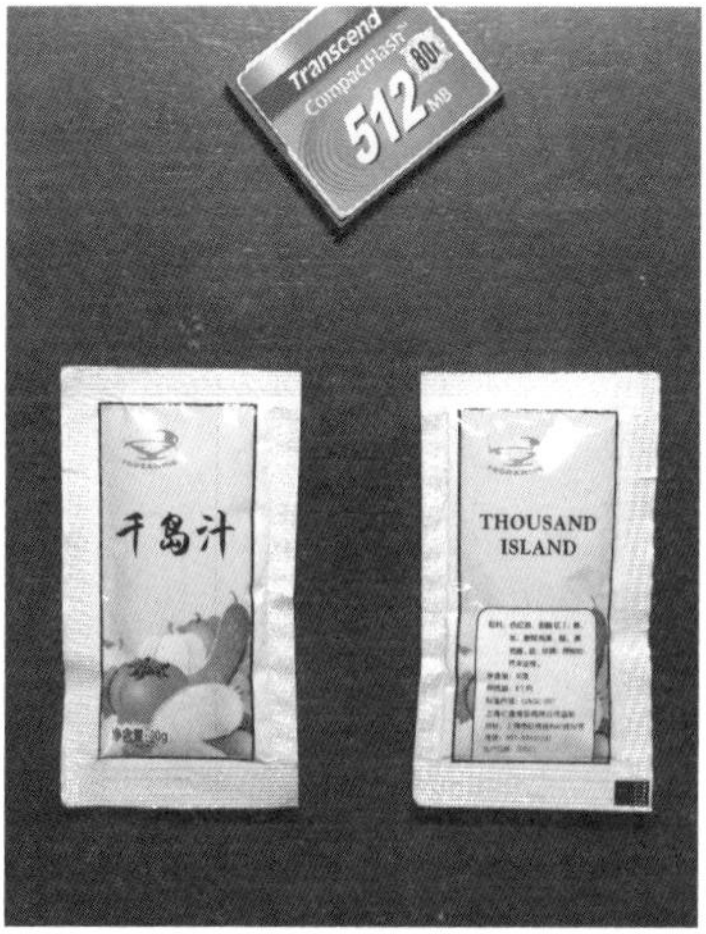

機内食に付いてくる“千島汁”。裏側にはご丁寧に、Thousand Island と英語表記まである ―――

　これは、スーパーのおばちゃんだけで

はない。先日行った銀行では、入り口にいたガードマンが、入り口の両側で挟み込むように警備しながらおしゃべりに熱中していた。入り口を入った私と「秘書」氏は、一瞬私たちに話しかけて来たのかと勘違いしたほど。おいおい、警備勤務中だろうに！

これからは、〝請勿吸煙《チンウーシーイエン》〟（禁煙）とか、〝請勿随地吐痰《チンウースイティートゥータン》〟（あちこち痰を吐くな）と禁ずる標語や張り紙より、まず張り出すべき標語は、「勤務中の私語厳禁」、これで間違いない！

余墨点滴

〝千島醬〟とは、サウザンアイランド・ドレッシングのこと。〝千島汁〟と表記する場合もある。私は、当初これがドレッシングを指すとは気付かなかった。出てきたモノを見ればすぐに分かるのだが、要するにThousand Island dressingの漢訳だ。今まで、このドレッシングはてっきり「Southern Island dressing」だと勘違いしていたから、モノと名前が結びつくのになお時間がかかってしまった。なぜこれが〝千島汁（醬）〟と訳されるのか、わざわざ英和辞書でThousannd Island dressingを調べて、ようやく納得した。やはり「s」と「th」の区別ができていなかったのが原因だ。

最近の北京では、洋風のサラダが流行っていて、そこにかけるドレッシングとして主流を占めている。洋食レストランはもちろん、吉野家の牛丼セットのサラダにも付いてくる。中華ドレッシングは、まだ勢力が弱い。

若者よ身体を鍛えておけ

北京に来て二か月。町行く人々の姿が、ファッショナブルで洒落てきたことには驚く。特に女性。もともと腰高で足がスラッとした体型が多い中国女性だから、恐ろしく足長のジーパンなど、苦もなく穿きこなす。しかも短かめのTシャツと股上の浅いジーパンの間から脇腹が見える、いわゆるヘソ出しルック（まだお臍までは行っていない感じだが）も日常的。Tシャツの襟元から胸にかけてのラインも、これまたグローバル・スタンダードというか、とにかく世界中どこへ出しても通用するシルエットだ。

ところがだ、男性、若き男の子がいけない。何というのか、凛々しくない。着かたが悪いのか、コーディネイトが悪いのか、とにかくひと昔前の東大生のような、ダサイ感じ丸出しなのだ。どうしてこうなのだろうと、しばらく観察を続けていたところ、先日、十数年ぶりに出かけた八達嶺（万里の長城の観光スポット）でヒントを目にした。ヘソ出しルックの黒いパンツと銀鎖の飾りの付いたシャツの、それはもうファッションモデルみたいに格好良い女性と一緒に来ていた男性氏、これが実によく決まっている。グレーのTシャツと黒いジーンズで、着ているものは他の中国男性とさほど変わらない。でもこの男性氏、実に格好良い。どこが違うのか、しばらく眺めていて、ふと気が付いた。この彼、肩から胸にかけて筋骨隆々なのだ。二の腕も太く、胸から首筋にかけてセクシーなほど逞しい。そうか、これなんだ、中国の若者に欠けているのは！

　そう思ってもう一度見回してみると、中国の若い男性、なで肩で胸板が薄いか、あるいは肩幅があっても上半身が釣り鐘型（もしくはあんこ型）が多い。肩幅が多少あっても、胸板は薄い。つまり、上半身が逆三角形ではないのだ。これが、最新のブランドものを着ようが、若き中国男性の不格好さを生んでいる原因ではないのかと思えてきた。

　草野仁（司会者）とか藤岡弘（初代仮面ライダー）、はたまたケイン・コスギほどにマッチョになれとは言わない。でも、もう少し上腕筋と大胸筋、三角筋をつけないと、洋服、特に夏場のＴシャツルックは、格好良く見えな

女性は良いが男性はスタイルがよろしくない。長城八達嶺にある“麦肯基《マイケンチー》”（“麦当労”マクドナルドと“肯徳基”ケンタッキーを合体させたような名称のチキンバーガー屋）前で ―――

い！

一方の女性たちは、グローバル・スタンダードの下着に包まれているから、男性ほど体型的弱点が露呈しない。ショッピングセンターやデパート、到るところでファッショナブルな、あるいは機能的な女性下着を売る店が目に付く（特に不純な目で見ているわけではないので念のため）。男性にはこうした上げ底的補正手段がないから、体型がもろに露呈してしまう。

だからこそ、若者よ、身体を鍛えておけ、なのだ。

余墨点滴

タイトルの「若者よ、身体を鍛えておけ」は、一九四七年にゾルゲ事件犠牲者追悼集会に向けて作曲され、その後も歌声運動などの中で歌い継がれた「若者よ」（作詞　ぬやまひろし　作曲　関忠亮）の冒頭歌詞。

若者よ　体を鍛えておけ
美しい心が　たくましい体に
からくも支えられる日が　いつかは来る
その日のために　体を鍛えておけ　若者よ

——関鑑子編『青年歌集』第一篇（音楽センター、一九五一年初版）より

ぬやまひろしは、本名西沢隆二（たかじ、一九〇三〜一九七六）、もと日本共産党中央委員。一九三四年から一二年間思想犯として投獄され、戦後、歌と踊りを活動に結びつける運動を展開した。日中両共産党の路線対立に際し毛沢東中国共産党に傾倒して、一九六六年一〇月日本共産党を除名された。彼の投獄中の生活規律からすると、この歌詞は、獄中生活を生き抜いた信念と

読める。こういうぬやまひろしの作詞した歌を、北京で口ずさむとは、奇なる巡り合わせと言うべきか。彼の晩年の人となりについては、「タカジ」として司馬遼太郎『ひとびとの跫音』(中公文庫、一九八三年初版)に詳しい。

北京の街の歩き方

こういうタイトルにすると、北京街散歩とか北京の街の隠れた名所案内のようなことを期待するかも知れない。でも、今問題にすることは、それではない。

北京の街中を歩いていて、イライラさせられる、あの人々の歩きぶりのことだ。歩いている人の速度が遅いのだ。遅いだけならまだ許せる。三、四人が一列横隊となって歩道を占拠することなど朝飯前、七、八人が一団となってゴチャゴチャ喋りながら歩かれた日には、追い抜くことさえできない。

日本でもある種のグループが、人目をはばからず道路一杯に広がることがあるが、中国では年齢や性別に関わらず、道を歩く時に人目をはばからず、前後左右一向に頓着する気配がない。

好意的に解釈する人は、この国では他人のことなど気にしていたら、自分が生きてゆけないのですよ、などと言う。そうだろうか。

私は、これは要するに、都会生活の経験の差異ではないかと考えている。都会では、相互に面識もなく、お互いに関わり合うところのない個々バラバラの人間が、錯綜し浮遊する。道を歩く時も、周囲にはいろいろな人がいる。ぶつかられるのは不愉快だから自分も人にぶつからないように気を付ける、そういう配慮をする習慣の蓄積の多寡と関わるのではないか。バス停でも、地下鉄の駅でも、降りる人を押しのけて乗り込む姿は、今の北京では少なくなった。降りる人が終わってから乗る方が、かえって早く乗り込めることを、人々が体得したからに他ならない。お上からのお達しで指示されたり強制されただけでは、習慣として定着するものではない。

道路を歩く際にも、周囲と協調しながら歩かないと快適に歩けないという仕組みを、身にしみて「学習」するまでは、もう少し時間がかかるのかも知れない。

余墨点滴

その後、上海の街中でも注意して観察してみたが、こちらは、歩道がそんなに広くないためか、そもそも横一列に広がって、という事態そのものがあまり見出せない。したがって、北京の方が田舎者（都会的行動経験の蓄積が少ないもの）が多く、上海の方が都会的行動様式の訓練を積んでいるかどうかは、比較のしようがない。ただし、上海の方が、背後の視線（次項「背後の視線」参照）に対しては、幾分敏感なように感じる。北京が、都会的行動洋式の訓練ができていないと結論づけることは、まだ根拠が乏しく尚早とせねばならない。あくまで仮説として、しばらく注視したいものだ。

背後の視線

北京の人間は、都会生活の経験の蓄積が乏しいから、街中を歩く時に無神経なのではと、先に書いた。

だが、もう少し観察してみると、またちょっと違う視点も見えてくる。それは、他人の視線を感じているかどうか、ということだ。たとえば、日本の女性は他人の視線に敏感だ。特に男性が女性に視線を向けた場合、必ず敏感にその視線を感じ取る。電車の中で、前に座る女性のすらっとした脚にふと目が向く。すると、その女性は必ずスカートの裾を直したり、膝をぎゅっと閉じたりする。もっとも、最近の日本の若い娘は、無神経というか鈍感というか、この範疇に属さない娘もいるようだが。

ところが、北京（中国）では、私が視線を向けてもほとんど反応しない。股上の浅いジーパンと丈の短かいTシャツの間から腰が見え隠れし、ふと視線が向く。ところが、このくらいのことではまったく反応がない。あるいは女性が二人、歩道橋をだらだらアイスクリームを舐めながら渡っている。歩道橋の階段は、二人がゆったり広がって並ぶと追い越せない。そこで、どうしても女性の後ろで足踏みせざるを得ない。ところがどうだろう、この女性たち、背後に迫り来る人（私）の存在を感じ取る気配がまるでない。

日本では、女性は、否が応でも少女期から他人（男女を問わず）の視線を意識するよう躾ら

海淀区の街路。背後の視線に鈍感だ。しかも中途半端な間隔で、
空間を占拠する ―――

れてきた。これは、危ない男性から身を守る、防衛措置でもあろう。そこで、背後の人の気配を敏感に感じ取り、道を譲ったり、かわしたりする。さらに言えば、上下関係が刷り込まれた日本社会では、女性や目下の者は、優先的に譲ることが強いられてきた。そういう社会的制約の下で、視線知覚感度は一層研ぎ澄まされる。

ところが北京。ここは、女性だからと特に男性の視線を敏感に感じ取り、身を守るようには育てられていない。しかも女性に限らず、男も視線知覚感度は相当低い。この「鈍感さ」を解明するには、何か別の論を立てないといけないかも知れない。たとえば、日本では武家の伝統により背後の「気配」を感じ取る気風が代々刷り込まれたのに対して、文官優勢の中国では「気」を意識する感覚があまり発達しなかったとか、はたまたゴルゴ13の影響の有無とか……。
とにかく、さっさと歩くか、背後の人気を感じ取って道を空けるか、どちらかにして欲しいものだ。

余墨点滴
ゴルゴ13は、さいとうたかを原作の劇画作品。一九六八年（昭和四三年）一二月（一九六九年一月号）以来小学館『ビッグコミック』誌で連載されている。世界超一流のスナイパー、デューク東郷の通称がゴルゴ13だ。彼は、一発必殺の絶対の機会を狙い、相手側の反撃にも常に警戒を緩めず、他人に気を許すことがない。このため、他人が自分の背後に無言で立つことを極度に警戒する。日本人は比較的視線知覚感度が高いという土壌があってこそ、ゴルゴ13のこうした警戒感が容認されるのだから、話は逆かも知れない。

北京の運転マナー

街の歩き方のついでに、自動車の運転についても観察記録。こちらも、現在は過渡期にあると言えそうだ。合流、流入の際、左右から交互に譲り合うのでなく、まるで親の敵《かたき》にでも出会ったように一歩も譲ろうとせず、それがためにかえって渋滞を増幅する、というのが現状

渋滞する鼓楼西大街。バス、タクシー、自家用車のあざなえる混沌

だ。これでも、数年前よりは良くなったという人もいるが、はたしてどうだろう。

先日、あるタクシー運転手とこのことを話してみると、プロの運転手は譲る方が合理的だという常識を身に付けているが、新参の自家用車がね〜、と半ば呆れ顔。さらに、私が日本人だと告げると、日本はどうなの、渋滞はひどいのと訊く。日本は、すでに道路が飽和状態に近く、先を争っても無意味だから、結構みな譲り合うものだと答えると、そうか、中国もそういう「ルール」を身にしみて理解しないといけないんだよな、とか。

だが、ことはこの良識的運転手が言うレベルでは解決しない。道路には、タクシーと、職業運転手が運転する公用車、素人運転の自家用車だけではないのだ。忘れてならないのが、バスだ。

これが結構荒っぽい。中国の道路交通法規でも、公共交通機関は優先することになっている。それを良いことに、あるいはそれが守られないためか、バスの運転手は、相当無理な車線変更や右左折をする。そして、これまた当然のごとく、隣の車線の車に対して譲ったりはしない。もう一つ、やはり忘れてならないのが、歩行者だ。この交通「無法」者がはびこり、しかも「優先」を笠に着たバスが、無理やり車線変更して割り込んでくる。

このあざなえる混沌、どこから解きほぐせばよいのか、なかなかの難題だろう。だが、ラテン系社会では、こういう交通上での「我《が》」の張り合いは、ごく当たり前だと言う。してみると、こと交通事情に関しては、中国＝ラテン系と理解しておくと、案外分かりやすいのかも知れない。

余墨点滴

中国人の友人に教わったジョーク。設計台数百台の駐車場ができた。ドイツ人のドライバーが来て駐車したところ、ぴったり百台停められた。次にアメリカ人のドライバーが来て停めたが、八〇台しか駐車できなかった。規定の枠内にきちんと停めないからだ。次に、日本人のドライバーが来て駐車した。今度は一一〇台停めることができた。ドアミラーまで律儀にたたんできっちり停めたからだ。最後に、中国人ドライバーが駐車した。すると、二台しか駐車できなかった。一台目が入り口に停めてしまい、二台目は出口に回ってそのまま駐車してしまったからだ。

この話、それぞれの国民性を象徴的に示しておもしろいが、ここから分かる通り、中国人も、日本人に負けず劣らず「自虐的」だ。

〝鉤不着〟

北京の最近の公共トイレは、どこでもきれいになった。特に、もともとトイレ設備を備えなかった旧城内の街路、〝胡同《フートン》〟の中の〝公共衛生間《コンコンウェイションチエン》〟は、驚くほど衛生的になった。男性用の便器では、その前に立つだけでまず水が流れ、用を足し終えてその場を離れると、再び水が流れる。

二〇〇八年のオリンピック開催を控え、国際的に顰蹙《ひんしゅく》を買わないように、重点的に整備されているのだとか。おかげで、最近城内で流行している、旧来の〝四合院《スーホーユアン》〟（東西南北四方に棟を配置する伝統家屋）を改装したレストランやカフェに行っても、表に出なければいけない多少の不便さはあるが、快適なトイレで用を足せる。こうしたトイレ事情は、先日歩いてきた上海の街中も同様で、彼地では〝公共厠所《コンコンツォースオ》〟と称するが、現在地と道筋、そしてどこのトイレが近いかまで記した案内プレートが、街角に設置されている。

ところが、ここに少し困った問題も出来する。あるいは、私の極めて個人的な不満に属することなのかも知れないが。それは、便器の位置が、いささか高いのではないか、ということ。

男性用便器というのは。いわゆる朝顔型で、万国共通、万古不変なのだが、この下端が、最近型ではずいぶん上に上がっている。従来の公衆便所タイプは、概ね床の高さまで便器が長く続く形で、その上端が高いか低いかの違いはあっても、大人でも子どもでも、高さの点では支障なく対応していた。ところが、最近流行のタイプは、従来型の真ん中あたりで下端を大胆にせり出させ、切り上げている。そこで、私のような短足胴長には、いささか苦しいところがあるのだ。北京ばかりか、上海でも、最新のホテルやショッピング街、飲食店から、公衆トイレにいたるまで、大体高めの設定で揃う。

“鉤不着《コウプチャオ》”（届かない）というほど高すぎるわけではない（見栄を張って言うのではない）。しかし、男性が小用を足す時、仰角で放射するばかりではない。むしろ俯角の場合も多いので、そういう時に便器の下端と干渉しあうことになる、ということなのだ。しかも、便器の下端が上に近づいているのだから、飛沫がかかりそうで気にもなる。

ただし、便器を飛躍的に小さくできる利点はある。足の長い二一世紀人対応型だとすると、

八道湾胡同（趙登禹路側）入り口にある“公共衛生間”。ここを右に入ったところに、魯迅の故居がある

我ら二〇世紀人は、高齢者型介護付きトイレを利用する時期に来ているのかも……。

余墨点滴

上海中心部の公衆トイレは有料のところが多い。小用を足したくて、公衆トイレに駆け込んだところ、奥からおばちゃんがしっかり出てきて、大か小か質し、小なら三角（日本円約五円）と請求された。仕方なく一元を払うと、お釣りとともに千切ったトイレットペーパーを手渡してくれる。おいおい、小用に紙なんかいるかといささか面妖な思い。でも、これが男女平等の扱いというものか。こんなしょぼい紙は要らないから代金をまけろと言いたかったが、そもそもそれほどの金額でもない。これに比べ、北京は、その近辺の住民が使うこともあって、どこも無料。公衆トイレは、断然北京の方が良い。さすがに、トイレット・ペーパーは常備していないが。

しっ、声が高い！

北京で暮らして感じることに、人々の声の大きさがある。街中で、飲食店で、北京の人は大きな声で談笑する。二人で歩きながら話すのに、そんな大声で話して周りの人に聞かれたくないとは考えないのかとさえ感じる。また、人気のある庶民のレストラン（〝餐館《ツァンクアン》〟）は、テーブルで向かい合って話し声が聞こえないほど、それこそ「喧噪《けんそう》の坩堝《るつぼ》」だ。しかも、ただ声が大きいだけではない、甲高いというか、声量が多いというか、要するに腹式呼吸できちんと発声するのだ。

このことは、しばらくの間、何となくそんな気がするけどな、という具合に心の中に存在していた。これが、明示的に理解できる機会が巡ってきた。昨秋、王府井にある首都劇場の小劇場で、ストリンドベリーの『父』の公演を見た。この上演、スウェーデン人で中国名を趙立新という演出家兼俳優が主宰するスタジオのプロデュースだ。もちろん、その趙立新が主役を演じている。この芝居を見ていて気がついた。趙立新氏、実に流暢な中国語を話すし、対話の声量にも問題はない。ところが、聞こえてくる中国語が、ちょっと違う。何が違うのか、しばらく中国人の俳優とのやりとりを聞いていていて、ようやく分かった。声が甲高くないのだ。声量が不足しているのではなく、むしろ低音域は、惚れ惚れするような良い声だ。ところが、これが中国人俳優の中に混ざると、声の張りで後れを取ってしまう。

それだけ、中国人の声は、高音域で力があるということか。高く澄み渡って、よく通る。これに対してスウェーデン人の趙立新氏は、魅力的な低音域をもつが、高音域で一歩譲らざるを得ない。バイオリンとチェロくらいの違いがある、と言えば分かりやすいか。

この高くよく通る声で、街中でも談論風発。あるいは、この声で仲間や友人を呼ぶ。まるで、中国音楽の音域とチューニングするかのようだ。中国音楽は、決定的に低音域が欠けているが、しかし、高音域では耳が抜けそうなほど、力のある高音を聞かせる。

年末に、国家専家局の恒例の新年コンサートを聴きに行って、この感はほぼ確信となった。

中国広播民族楽団による中国音楽の演奏会だったが、このオーケストラ、中国楽器を主編成とするが、低音不足を補うため、チェロとコントラバスを入れていた。やっぱり、なのだ。

余墨点滴

CAVという音響機器メーカーがある。中国広州の会社で、一九九三年の設立とか。このメーカーが日本にも輸出しているスピーカーの視聴記を読んで、思わず膝を打った。曰く、どこまでも突き抜けるようなクリアな高音とか。また曰く、高音域にエネルギーがありキラキラ輝く、とか。低音域部も、十分出ているらしいが、最も個性を発揮するのが高音域部とのこと。やはり、中国音響機器メーカーなのだ。仕上げは、入念に繰り返し行なわれたピアノ塗装とのことで、値段も二本一セットで、一〇万円と一六万円のトールボーイ型が主力商品。こうしたオーディオ機器たるスピーカーにも中国的高音の世界が具現されていること、なるほどと思わされる。しかも、自己の文化的特性と言える高音への美意識を貫いていることには、むしろ脱帽だ。

鯨飲馬食

中国人が大声で話すことに触れた。これに加えて、中国人の平熱は、日本人より平均で〇・四~〇・五度ほど高いとか。これは、以前大騒ぎになったSARSの際に留学していた学生が、毎日検温させられる中で明らかになってきた新知だ。

この二点、どちらもエネルギー代謝が高くなる要因だ。だからなのか、中国人はよく食べる。私みたいに食の太くない（心臓は太いが）人間とは食べる量が違う。「鯨飲《げいいん》馬食《ばしょく》」という語があるが、本当に驚くほどよく食べる。以前は、穀物中心の食生活で、その消費する穀物が膨大な量と言われたが、現在の北京などの都会人は、その食習慣もだいぶ変わりつつある。

夏の終わりに行った天津に、租界時代からある老舗洋食店の「キスリン（Kiessling〝起士林《チーシーリン》〟）」という店がある。ここで食事した私は、お店の自慢のビーフシチューとサラダ、そしてパンくらいで、十分過ぎるほどお腹が一杯になる。ところが、私の向こう側のテーブルについた男性は、実に立派な「鯨飲馬食」であった。なにしろ、鶏肉とハムな

天津起士林前に佇む。左手は肉饅老舗店〝狗不理《コウブリー》〟が展開するファストフード店。（加藤晴子氏撮影）――――

どのサラダを軽く平らげ、連れの女性とワインを一本飲み干し、さらに合間にビールを流し込む。そして、具の一杯入ったミネストローネ風のスープ、私と同じビーフシチューも難なく平らげる。これで終わりかと思いきや、さらに山盛りのスパゲティーを、向かいの女性と分け合うどころか、ほとんど一人で平らげてしまった。女性の方も、サラダとオードブル、そして鶏肉のソテーを食べていたが、その一部は男性の助力を仰いでいたものの、それでも私より食べる量が多い。

この二人の男女が、デブかと言えばそんなことはない。男性の方は、背格好が一m七〇台後半、体重は、見た目では八〇kg台だろうか。そういう人が、これだけ食べる。

大声で話すこと、平熱が高いこと、これと食べる量がバランスしている間は良いだろうが、いずれどこかで失調する時が来るのではないか。それは、そんなに遠い先ではなさそうに思う。事実、よく見かける有名中学（高校）の生徒たちは、どう見てもたっぷり肉の付いた体型に見えるのだが……。

余墨点滴

Kiessling 起士林は、ドイツのウィルヘルム二世の菓子職人だったキスリン（Kiessling、Wilhelm）が、一九〇八年に創業した洋食、洋菓子店。一九〇〇年の義和団事件の際、八カ国連合軍のドイツ軍とともに中国に渡ってきたと言われるキスリンが、その後も中国に留まり、天津でパンと洋菓子を売り出したところ、当時洋風パンが満足な形で製造されていなかったことにより、大いに売り上げを伸ばした。その後英租界に店を開き、一九四〇年から現在地に店を構える。その料理は、ドイツ風肉料理、ボルシチ、ピロシキ等のロシア風料理を中心に、ムニエルなども得意料理とする。その他西洋料理一般を広くまかなうが、現在もビーフ・シチュー（〝罐燜《クアンメン》牛肉《ニウロウ》〟）と黒パンに特長を見せている。一九八〇年代から九〇年代にかけて、天津では、休日に「起士林」に行くことが数少ない贅沢だったと言う。一九八三年から、「起士林」と「K」マークを登録商標としている。

通りが広い！

北京は通りが真っ直ぐだ。旧城内と違って、城外の新開地ではなおさらだ。しかも、通りの幅が恐ろしく広い。

北京友誼賓館の前を通る通りは、現在「中関村南大街」と名付けられている（以前は白石橋路）。片側三車線の他、その脇に側道があり、これが二車線分ある。主道の方は、基本が三車線だが、バス専用、もしくは右左折用の車線が一車線分あるので、これらを合計すると片側四車線＋並木＋二車線となる。道幅が広いことで有名な長安街（天安門前から東単西単に通じる）と、ほとんど同じ広さだ。これを一回の信号で渡るには、相当長い時間の青信号を要するはずだが、あっという間に赤信号に変わってしまう。歩行者は、赤信号の間に横断を開始しないと渡れない。

中関村南大街。南から北側を望む。これだけ車線があっても渋滞する ――――

道幅が広く車線が多いと渋滞がなくなる、と想像するのは素人だ。日本でも、三車線以上ある道路の一番左車線は、ほとんどが路上駐車で埋められてしまう。北京では、路上駐車はまだ少ないが、道路が広く車線が多いため、せっかちなタクシー運転手は、少しでも先へ出ようと頻繁に車線変更する。バスも負けじと、停留所から一気に中央車線に出ようとするから、交叉点やバス停付近は一日中渋滞する。車線変更できることが、かえって渋滞の遠因を作っていると見える。

広くて真っ直ぐ、これが北京の城内城外の新開地の特徴。人民共和国以来進めてきた道路政策の結果だ。それには、計画すればすぐ道路拡幅ができてしまう、そういう社会制度（土地の所有、補償）

がバックアップしている。日本では、私有地の収用が難しいため、数百メートルの道路を通すために数十年かかってしまう。北京では、それがあっという間だ。

だが、それよりも一ブロックの間隔を狭くして、もっと道路を網の目に細かく通す方が、効果的なはずだ。この道でなくとも、次の通りを抜ければよいとなれば、迂回路となりバイパス効果も出る。交叉点が増え、信号も増設せざるを得ないマイナス面が生ずるが、それでも分散するから、一本の通りにそんなに多い流量を持たせなくても良い道理だ。

とにかく真っ直ぐで広く、これを押し通してきた交通政策、何だか大時代主義の遺物のように見えてしまう。

余墨点滴

何気なく散歩に出て、閉口した。北京友誼賓館前の中関村南大街を南に下り、足の向くまま、次の学院南路で東に折れる。適当な所で左（北）に折れて進めば、再び友誼賓館に戻れると踏んだのが大間違い。左（北）に折れる道が、行けども行けどもない。左（北）側が、農業科学院という広大な敷地を擁する研究機関であることも災いした。一㎞以上歩いて、ようやく交叉点に行き着いた。そこは、大柳樹という一帯。仕方がないから、そこを左（北）に折れ、皀君廟路という通りを北上する。次の交叉点でさらに左折（西方向へ）すれば、友誼賓館前の中関村南大街に出る（はず）。ところが、この通りも左に折れる交叉点、つまり東西に走る通りが見当たらない。結局ここも、一㎞以上歩いて、ようやく眼前に広がった左右（東西）に走る通りは、何と三環路だつた。私は、とうとう五㎞ほど、一時間を歩くことになった。一ブロックが一㎞四方もあ…る、その実例を実地に検分したわけだ。よい運動にはなったけど。

オービス

旧北京城壁の西北角にあった西直門（現在門はない）を出たところから西に伸びる西直門外大街、その展覧館前の立体交叉の下側、ここを通るたび、いつも不思議に感じることがあった。車が、ここで必ず速度を落とすのだ。タクシーはもちろん、よその公用車で送ってもらった時も、運転手は必ずここでは減速だ。しかもこのポイントは、ちょうど坂道を下りきったところで、次の上り坂に備えて、速度を落としたくないところだ。通常のままなら、むしろ最もスピードを乗せたい場所。私なら、そう運転する。それなのに、運転手は必ず減速して時速五〇㎞を死守する。ということは、ひょっとして……。

そこで、先日思い切ってタクシーの運転手に訊ねてみた。もちろん、むっつりした恐そうな運転手ではなく、あくまで気のよさそうな運転手を選んでだ。すると、その運転手、ほら、あれ、と指さす。確かに、立体交叉の橋の端っこから、何やら測定器のようなものが角度をつけて、こちら側に照準を当てている。そうか、北京でも「ねずみ取り」か。

日本のものとは違ってだいぶ小ぶり。しかも、この通りには速度自動取り締まり装置が設置されています、などという「告示」はない。日本では、「抜き打ち」は、オトリ捜査と並んで不当との解釈が有力だ。しかも、速度違反を摘発することが目的ではなく、速度違反を抑止することが目的と、一応建前ではなっている。そこで、どのポイントに設置しているかは明示しないものの、その道路に設置していることは、告示することになっている。高速道路では、各県によって告示のタイミングが多少異なるものの、測定器の設置場所の手前に必ず告示がある。

北京でも、二〇〇六年から測定器の設置を告知することとなったが、今のところ、告示はまだあまり見ない。気の良い運転手は、しかしいたって気にせぬ様子。ついここにあるのを忘れてしまってね、もう何回も反則金を払わされたよ、と笑い飛ばす。前もって告示する義務が設置者にはあるのだという、運転者の側からすれば権利意識は、まだ芽生えていないのかも知れない。でも、普通にいけば、最も速度が乗りそうなところに設置するあたり、中国の公安も日本の警察同様、結構やるものだ。

さあ、オービスを通過した、行きますよ！　と運転手はアクセルを踏み込んだ。

余墨点滴

北京に限らず、中国のタクシーでは、運転手の脇のいわゆる助手席に座を占める乗客が多い。運転手の方も、車を客の前に止める際、それを想定して日本のタクシーよりも手前に停める。最近は、後席に乗り込む客も増えつつあるらしく、運転手が停車する時、こちらの様子を伺いつつ、少し車を前に進めつつ停めることもある。二人で乗る場合は、後席に並んで座りたいと、私の日本人的感覚では思う。ところが、よく観察すると、明らかにカップルの二人連れが、前席と後席にタンデムで乗り込む事例が相当数ある。特に冷戦状態風でもないのに、だ。これを友人のW君夫妻に話したところ、奥方曰く。この人なんか、いつも一人でさっさと前に乗り込んでしまいますよ、と。

V

新旧面貌——変わったこと、変わらぬこと

——ショート・メール

北京の携帯電話も、日本と同じくショート・メールが使える。メール作成の方式は、ピンインかローマ字、あるいは数字入力か筆画起筆入力となるが、とりわけピンイン入力がなかなかの優れものだ。日本の携帯と同じように一個のキーに三文字ずつのローマ字が配当されるが、ここから先の変換機能が優れる。たとえば、a、b、cが配当されたキーを二度押す。そうすると、ba、caの発音に属する文字が現れる（ab、ac、bc、cbに当たる音韻は存在しないからこれしかない）。次にg、h、iが配当されたキーを押す。すると、上記のba、caの後ろにiの

音が繋がる音節、bai か cai に属する漢字が現れるという仕組みだ（ba、caの後にはgもhも連結しない）。最初は戸惑うが、ちょっと慣れると日本の携帯の仮名入力よりずっと早く目的の漢字を呼び出すことができる。しかも、一文字確定すると、それに繋がって単語を構成しうる文字を自動的に選んで次の候補として列挙する連想機能が付いているから、単語を組み立てやすい。

こういう便利なメール機能だが、これも日本と同じく、迷惑メールは跡を絶たない。それほど迷惑で困ると言うほどでもないが、広告メールは頻繁に入ってくる。残念ながら、「出会い系」のお誘いはまだ来ていないが、昨日は、こんなメールが飛び込んできた。

北京市公安局祝全体市民節日快楽，敬請大家理性表達愛国熱情，不参加非法游行活動，做遵紀守法的首都公民。〔四月三〇日　16：05着信〕（北京市公安局から全市民への休日のメッセージ。愛国の情熱は理性的に表明し、非合法のデモ活動には加わらず、首都市民として規律を遵守されるよう何とぞお願いいたします。）

これも迷惑メールの一種に数えるべきか、はたまたその筋からのありがたい「勧誘」メールに感謝すべきか？　お前のメールにはいつでも介入できるぞとの「警告」なのか、公安当局が「反日デモ」抑制に努めていることを示すアリバイ工作なのか？　それにしても、一市民の携帯にどうやって介入できるのか、メッセージ受信料は取られるのか等々考え出すと、この国の携帯もなかなか深遠なものが感じられてくる。

余墨点滴

二〇〇五年四月九日、北京では、当時日中両国関係がギクシャクする中、「日本右翼勢力」への反対を唱えて反日デモが行なわれた。中関村電脳街にある「海龍大廈」前に集合したデモ隊は、中関村南大街を南下し、友誼賓館すぐ北側の四通橋で三環路を東に折れ、そのまま三環路を進んで建国門まで行き、日本大使館と大使公邸に投石するなどの過激行為に及んだ。こうした反日気運は、翌週一六日に上海へと飛び火し、さ

5月4日。天安門広場は一般入場が規制された ———

らにエスカレートしたデモ騒ぎとなった。日本国内でも、中国が不穏な情勢とニュースでたびたび伝えられた（らしい）。その後、引き続きデモ挙行の動きがあったようだが、四月一七日から町村信孝外務大臣（当時）が訪中し、中国側と収拾策を図った。このため、四月二〇日北京の各新聞は、一面で「李肇星（外交部長）中宣部等六部委（共産党と政府関係部局）に対し情勢報告」との見出しで、「愛国心を業務と学業の実際行動に振り向けよ」と沈静化のサインを発した。これで一応幕引きとなり、反日デモの気運は北京では急速に沈静した。ところが、その後も、反日を煽る海外中国人サイトなどが活気づき、五月一日のメーデー、五月四日の五四運動記念の日に、さらなる反日デモを呼びかける動きがあった。こうした動きに備え、五月四日当日、中国政府は天安門広場で官製の中高生の主張大会を開催し、部外者を完全に排除した。政治活動に対する中国政府のコントロールの仕方が、実に洗練されたものになったことに驚嘆した。一九八九年六月の民主化運動鎮圧と比べると、デモ規制もはるかに巧妙でスマートな形を取るようになったのだ。

友誼商店

一九八〇年代くらいまで、北京に旅行に行くと、最後は必ずおみやげを買わなければ気がすまない、どこか良いところはないか、となる。そこで案内されるのが、建国門外に聳える友誼商店だった。大体バスで、この四階建ての「商店」の玄関前まで連れて行かれ、それでは集合時間は一時間後です……なんて言われ、みな買い物に走ったものだ。

その友誼商店に、久々に行ってみた。建国門外に数日間通った際、仕事の合間を縫って見てきた、というのが実態だが。

初めは、ここが友誼商店であると特定できるものは、屋根の上に聳える「友誼商店」の文字だけだった。玄関の周囲は、ピザハットと回転寿司屋で埋め尽くされている。ようやく玄関を見つけて中にはいると、店員は昔と違ってずいぶん、物腰が柔らかい。何かお探しでしょうか、とくる。これこれはどこに？　と訊ねると、即座ににこやかな笑顔とともに指し示してくれる。どのカウンターの店員も、セクショナリズム（薬売り場とかスカーフ売り場とか）に囚われることなく、にこやかに案内してくれる。

上から下までひと渡り見学してみたが、商品構成は、三〇年前とあまり変わりがないように思えた。売り場の配置、売る商品構成等々が、だ。もちろん、「オリンピックをお宅へ」などというキャッチコピーで、オリンピック記念グッズを売っていたりするあたり、これは隔世の感だが、基本構成は変わっていないのだ。

ところが、一階の東側のスーパーになった一角のさらに脇に、今やスターバックスが店を開いている。表玄関脇のピザ屋と回転寿司、そしてこのスターバックスの導入といい、友誼商店もあれやこれやの策を講じて、収益性を高める努力を払っているわけだ。

今時、友誼商店に買い物に来る人がいるのかと、少々訝しく思ってしばらく観察していたら、大使館の家族風の女性が、子ども連れでパンや食品を買いに来ていた。また、後に何人か

羅賓漢 Robinhood 西単店。北京天津に展開する香港系カジュアルショップ。キビキビした店員、そして売り方の間が良い。愛用の店の一つ ———

に訊いてみたところ、旅行のお土産品として、偽物がない、ボラれることがない等の理由で、今でも一定のファンがいると言う。

かつては建国門外大街に聳えていた友誼商店だったが、今では周囲に高層ビルが建ち並び、まるで目立たなくなってしまった。しかも、通りに面した店の一階は、飲食店に切り売りして、まるでフジツボに纏い付かれた巨鯨の悲しき姿だ。友誼商店は、それでもやはり友誼商店でなければならないのだろうか。

余墨点滴

市中のカジュアル・ショップ。店内を見渡し、ちょっと良さそうなジャケットが目に止まった。すると、すかさず店員のお兄さんが寄ってきて、いかがです、とくる。サイズが……と躊躇すると、お兄さん、奥に走ってあちこち捜し、挙げ句の果ては、ディスプレーに着せていたものを引きはがし、私に合うサイズを何種類か都合してくれた。しかも、これはお客さんの年代なら、あまり体にぴったりで着るより、少しゆとりを持たせた方が合う、とアドバイス。民間のショップは、販売員がこのくらい売り方に長じている。もっとも、別のジーンズショップでジーパンを買った時には、いささかお節介が過ぎた。裾上げ無料というので、測ってマークをつけ、お姉さんに渡した。するとお姉さん、私が測った位置を確認して驚嘆する。「こんなに切ってしまうのですか、短すぎじゃないですか?!」と。

〝亜洲第一〟大きいことはいいことだ!?

アジア第一を名乗ることが、このところ経済発展著しい北京では、人々の自尊心をくすぐって人気があるらしい。その一つに、北京西三環路と四環路の間、京密引水渠の畔にある「金源時代購物中心」というショッピング・モールがある。

とにかくでかい。東西八〇〇m、羽田空港のターミナルビルくらいの広さの建物に、さまざまなブランド・ショップが並ぶ。店内には高級ブランドがいくつも優雅に店を構え、装飾は、まるで丸の内のブランド・ショップさながらだ。これだけ広大な敷地は、おそらく旧城内では求めにくいだろうが、三環路外の環境で見るとそれほど大きく見えないから、これまた驚きだ。

その地下は、これまた巨大なスーパー。足を踏み入れただけで購買意欲が減退するほど広く、かつ品物が多い。さらには、住宅室内設備のショー・ルームが並び、浴室設備からフローリング、壁紙等まで何でも選べる。もちろん家具屋もあり、あらゆるタイプの家具を揃えてあるから、住宅関連は、お部屋以外はすべてここで賄えそうだ。

そんなショッピング・モールには、お約束の食堂街が、最上階の五階にある。これがまた、たまげる。大学の学生食堂くらい広いレストランが、真ん中のエレベーター・ルームを挟んで二〇店舗近く並ぶ。あるレストランには巨大な金色の布袋さままで置かれ、店内には中二階があり、収容客数は二百人を下るまいと思わせる。そんなに客が食べに来るのか疑問を感じないでもないが、とにかくアジア第一なのだ。最近の流行で、中国各地の料理屋、少数民族、韓国、日本料理等が取り揃えられ、それはもう、五花八門、ないものはないといった趣。

その中の一店で、先日の土曜日に大宴会があった。我が日本学研究センターの設立二〇周年記念シンポジウムの閉幕式と同センターの同窓会懇親会を兼ねた大宴会だ。参加者は、二〇〇名以上。その大人数が一堂に会して、大いに飲みかつ食う。これは、まさに壮観だ。ウェイターなど、ローラースケートを履いて動き回っているのだから、ご苦労なことだ。センターの中国側主任が、マイクを使って会を取り仕切るが、とにかく広すぎてよく聞こえない。

それにしても、アジア第一。二〇〇八年のオリンピックを目指して、現在北京市内の各地域で争うように再開発が進められ、大規模ショッピング・センターや複合施設が建設されているが、これが皆アジア第一の名を競うことになると、ひょっとして一日では回りきれないショッピング街とか、電動カートがないと回れないモールなんてものも、冗談ではすまされないかも知れない。「過猶不及（過ぎたるはなお及ばざるがごとし）」とは、他でもない中国のことわざのはずだけども……。

行け行けドンドンの今の中国。アジア第一に止まらず、世界一のショッピング・モールを作りかねない勢いだ。大宴会の喧噪の中で、そんな思いにとらわれた。

宋慶齢専用車ジルのモデル。ネット・オークションでは、3,500元周辺を中心に2,300元から9,900元まで数種出品。

余墨点滴

金源モール（北京でもmallはモールで通用し、わざわざ中国名の「購物中心」と言わなくても通じる）に関して唯一の心残り。三階に模型店があり、ここにダイキャスト製の完成モデルで一九五〇年代式のソ連製リムジンのジルがあった。これは、宋慶齢の公用車を再現したとかで、なかなか精巧にできていて、大いに食指が動いた。ただ、二一分の一のスケールで結構大きい（全長四〇㎝くらい）。そして値段も相当高価で、たしか三千五百元（五万三千円）くらいした。アクリルのケースに入って、もちろん限定生産番号付だ。帰国時にどう運ぼうか、ちょっと高いかな等と踏ん切りが付かず、買わずじまいだった。その後、金源モールに行くたびに、その模型店のウインドウを眺め、まだ並んでいることを確認（あるだけで安心）していた。そして、どうせ買い手はないだろうと、少し多寡を括っていた。その後、帰国間際になって、どうしても気になったので出かけてみたところ、ジルは、なんとももうなかった。ああいう物を買ってゆく手合いが、この北京にはいるのだ。

・・・・・・・・・・・

国家的演目の今

九月三〇日、国慶節の前の晩、舞踊音楽史詩『東方紅』を見に行った。ところがこれは、予想していた形とは異なり、舞踊部分がスクリーンに映し出されるだけで、基本的には解放軍総政治部合唱団、管弦楽団による音楽会だった。

この週は、一週間の間にロックからオペラ、京劇ガラ・コンサートと合わせて四回も音楽会を聞けたことになる。それぞれ聴衆層が異なり、おもしろかったが、この日の『東方紅』は、家族連れや、祖父母から父母、孫娘という一家総出が多く、なるほどと感じさせられた。お祖父ちゃんお祖母ちゃんの好みに寄り添いながら家族全員で楽しめるコンサートとなると、やはり『東方紅』なのだろう。間違っても崔健のコンサートにはならない。実際、会場に来ていた中年女性は、崔健も羅大佑もちっとも分からないわよ、と宣《のたま》わっていた。

だが、この『東方紅』をフル上演しようとすると、今や並大抵のことではできない。一九六四年の初演当時は、国家的行事として企画され、三千人の一流出演者を用意し、当時の総理周恩来が直々に差配したと伝えられる。これが、今上演しにくいというのは、まずその出演者の規模だ。先日のコンサート形式でも、管弦楽団、合唱団が必要だった。これ以外に、最低でも千人規模の舞踊団が必要となる。アヘン戦争から、軍閥追討の北伐、国共合作・分裂、抗日戦争、戦後の内戦という革命史を、歌曲と舞踊で綴るのだから、これは大量の出演者を要する。

そして、これだけ大人数の出演者を載せる舞台が必要だ。初演時は、人民大会堂の大ホールを使っていた。

最後に、これだけの企画をプロデュースしたとして、興行的にペイするかという問題を抱えることになる。もちろん、観客の八百人や千人、呼べないことはない。ところが、その程度では一人あたりのチケット代は、軽く千元を超えてしまうだろう。今回上演の『東方紅』は、最低が八〇元で、一八〇、二八〇、三八〇、五八〇、六八〇元という値付けだった。これでも、人民解放軍の楽団、合唱団のせいか、かなり格安になっている。崔健のコンサートでは、最低が二八〇元で、三八〇、六〇〇、八〇〇、一〇〇〇、一二〇〇元だったのだから。

国営から民間企業化へという大きな流れの中、観客を呼べる人気シンガーのコンサートと、もはや上演しにくい演目との淘汰が進んでいる。我が国では、いま民営化が金科玉条の勢いだが、こういう採算度外視の舞台がはたして民営で可能だろうか。もっとも、マーラー（MAHLER, Gustav）の『千人の交響曲』（交響曲第八番変ホ長調）なんていうのも、世界中でしばしば上演されているくらいだから、三千人も夢ではないかも知れないけど……。
更けゆく北京の秋の夜、ふとそんなことに思いを馳せた。

余墨点滴

その後、三月八日の国際婦女節（婦人デー）に際して公演された、バレエ『紅色娘子軍』を見て、実に今昔の隔たりを思い知った。海南島で女奴隷として虐待された呉瓊花が、赤軍指導員洪常青に導かれ、個人の怨みを階級の戦いとして遂行する思想へと鍛え上げ、ついには犠牲となった洪常青の跡を継いで女性中隊を指揮する物語だ。冒頭の奴隷の場面で、ボロボロの衣装から出る手が、長くすらっときれいで、顔も小さく見事なスタイルだ。後半、赤軍に加入した後、例の半ズボンに脚絆姿となるが、その足がこれまた美しく、一九七〇年代の薛菁華（呉瓊花役）や宋琛（中隊長役）たちのような、ずんぐりむっちり感とは雲泥の差。薛菁華も宋琛も、当時としては抜群のプロポーションだったとは思う。だが、今やこの比ではない。この見事な体型、美脚のプロポーションで『紅色娘子軍』となると、さすがに時代は変わったと感じさせられる。

星に願いを

金曜日の一一月一一日午後八時（北京時間）は、二〇〇八年の北京オリンピック開催日から逆算して千日目に当たるとか。つまり、オリンピック開催まであと千日となった。
工人体育館では、大会マスコットのお披露目会が開かれ、五輪色の5種類の動物の赤ちゃんキャラクターが発表された。『北京晩報』（北京の夕刊紙）では、「千日の誓い」というキャンペーンを行い、読者からのメールを募ったが、その中には、「千日の誓い、逆算時計が音を立てて刻む。天を仰ぎ、星に願いをかけ合掌する。北京が成功に導かれますように……」（下四桁5157の携帯より）というのもあるとか。何やら西洋風の祈り方に見えるが、それが日常化されつつあるのだろうか。

昨日の土曜日、東安門大街の中国児童劇場に国家話劇院の公演を見に出かけた。作品はジョン・パトリック・シャンレイの『懐疑 Doubt』。〇四–〇五シーズン、ニューヨークでヒットした新作だ。これまで、中国人の演じる洋もの芝居を敬遠していたが、これには魅せられた。西洋人の形をまねるのではなく、どこの人間にもあり得る人間ドラマを演じながら、形ではなく本質を映す、そういう演出だ。黒人女性役の女優は、顔を黒く塗ることもなく、それで見事に下層の黒人女性を演じてみせた。かつて一九八三年に、アーサー・ミラーが北京人民芸術劇院で初めて『セールスマンの死』を演出した際、最初に禁じたのが、茶髪のカツラを着け、大きな鼻を着けることだったことを思えば、中国話劇は、二〇年間でその表現が格段に越境した

福娃（マスコット）の晶晶。パンダの子ども ———

と言えるだろう。

芝居は、ニューヨークのカソリック教会で、神父が少年にセクハラを働いたのではと疑惑を抱いた老シスターが、神父を追いつめる。冒頭、神父の説教があるが、これが実に見事で惚れ惚れする。最後に十字を切り、合掌してアーメンとなるが、その一連の仕草も実に堂に入っている。そして、中国人がこれを演じることに違和感はまるでない。

ニューヨークの新作が即舞台にかかり、中国人が違和感なくそれを演じ、星に祈りを捧げる中国人が街に広がる。今や北京は西欧社会から隔絶された、東方の異質な社会ではなくなった。だがそれだけ異質性がなくなると、我々外国人にとって、北京に来る意味は一体何なのだろうと、これまた難しい「懐疑」に行き当たる。

余墨点滴

王府井中心部の首都劇場に拠点を据える北京人民芸術劇院は、基本的にマイクを使わない。すべて地声が前提だ。その分、首都劇場は音響効果も良いように感ずるが、それでも俳優が地声で通すことを前提に、演出も効果も組み立てられる。一方、他の劇団は、俳優の頬や衣装の端にワイヤレスマイクをつけて、それで音を増幅して伝えることがある。国家話劇院は、俳優ごとに換えていたようで、『懐疑 Doubt』では、主役の神父役の劉小鋒は地声。彼を告発し追及する老シスター役の徐蕾は、マイクを使用していた。こういう大劇場でならまだ容認できるが、小劇場の、たとえば東方先鋒劇場（「北京の中心で愛を叫べ」参照）でまでマイクを使う習慣は、見直した方が良いと思う。やはり、人民芸術劇院の俳優たちの地声を聞いていると、俳優の生の声がいかに魅力的であるか、あるいは演技の一部を構成する、いかに重要な要素であるかが分かるものだ。

・・・・

ブロードウェイは笑う

先々週の土曜日、今シーズン最高と謳う『最後一個情聖』という芝居を見た。徐崢という今人気の男優と、陶虹という、これまた絶頂の女優のコンビ。もとは、ニール・サイモンの*Last of The Red Hot Lover*という小市民喜劇。ある平凡な暮らしを続けてきた中年男性が、愛情生活最後の機会に、一度浮気をしてみようと思い立つ。そして母親のアパートを使って昼下がりの情事を試み、三人の女性を誘うがいずれも今一歩を踏み込めず、結局「何も起こらない」まま、妻に電話をかけて愛を確認する、というニール・サイモンお得意の話。邦題は『浮気の終着駅』。

ニール・サイモンの翻訳と言うが、道具立ては中国的に変換してあって、むしろ翻案とも言える。ここは「西直門から近い」と女性が言えば、男優の方は「ここは東直門のはずだけど」と応える。なるほど劇場は、東直門に近い東四十条だ。ニューヨークだったら、「五二番街」とか「三四丁目」などと言っていたところだろう。南京や上海でも公演したから、そこでは「南京路」とか「徐家匯」とか言い換えたのだろうか。マンション室内の設置も、洋風と言えば洋風ながら、中国式要素も残す。バス・ルームには金盥とホーローの洗面器が置かれ、中華臭は満点。

こうしたニューヨークのドラマが、ほんのちょっと中華風フレーバーをまぶせば、今では中華世界の芝居に変換される。『セールスマンの死』北京公演（一九八三年）で苦労したアーサー・ミラーも、あの世でさぞ満足なことだろう。

ニューヨーカーをニヤリとさせる、いわば大人の芝居だが、この「大人の」という修飾語が、そのまますんなり「北京の大人」に変換できるかは疑問符。隣の席のあんちゃんは、彼女に連れてこられたらしく、最初は嫌々席に就いた感じで、そのうちギャグ的アクションに大声で笑っていたが、肝心の「大人」の笑いのところは、今イチ反応が鈍かった。

やはり、ブロードウェイが来たと錯覚しているから、四〇〇〇元も出して見に来るのだろう。この芝居の世界が実生活に近いと感じるほど、北京人の精神生活が「都会人」に成長したとも思えないのだが。

余墨点滴

アーサー・ミラー（一九一五—二〇〇五）は、一九八三年、北京人民芸術劇院の要請を受け、『セールスマンの死』北京公演の演出を自ら行なった。当初は、俳優が良く訓練されていることなどに驚嘆するが、中国の俳優たちの固定観念（西洋人を演じる時は鼻を付け、赤毛のカツラを被る等々）を打ち破るのに苦労する。その後、主人公のウィリー・ローマンが息子のビフに夢を託すことを、中国人でも共有できる思いであることを発見し、こういう共通性をこそ演ずべきであることなどを導く（詳しくは、倉橋健訳『北京のセールスマン』（早川書房、一九八七年））。この時のアーサー・ミラーとの交渉は、同公演でウィリー役を演じた英若誠（一九二九―二〇〇三）が当たった。英若誠は、日本では、『茶館』の「あばたの劉」役等で知られる。

〝聖誕節〟in Beijing

私の勉強会の門下で中国映画を研究するTさんは、毒舌と定評があるが、実はモノを的確に見抜く眼を持つのだと私は買っている。その彼女が言うには、北京の町は一二月になってもクリスマスの賑わいがないことだけがつまらない、とか。

だが、今の北京は、だいぶ様相が違う。一二月に入るや、ホテルはもちろん、デパートも大きなスーパーも、お店というお店は、どこもクリスマスの飾り付け、ツリーやイルミネーションで輝き始める。ホテルのロビーや街のカフェに流れる音楽は、ポピュラーなクリスマスソングから、宗教色の強いオラトリオまで、まさにクリスマスだ。ただし、デパートや普通のスーパーまでは音楽が行き届かない。そこがちょっと、気分を盛り上げてくれないところ。

先日の日曜日、近くのデパートに買い物に出かけ、ついでにクリスマスカードを捜してみた。するとどうだろう、ちゃんとあるではないか。日本でもお馴染み〝Hallmark（中国名「賀曼」）〃のカードが、二十数種類並んでいる。英語だけのものから、〃Christmas Wishes 誠摯的祝願〃と 中国語を併記するものまで、実にさまざま。カードと封筒が一緒に透明なセロハンの中に入っているのも、「お約束」の形だ。どこの店も、〃聖誕節《ションタンチェ》的最好礼品〃（クリスマスに最適の贈り物）などと、クリスマスを恰好の商機と捉えて、セールスに余念がない。

昨日のイブ、北京の繁華街はどこも異様なほどの賑わい。王府井の東方新天地など、押し合いへし合いの状態で、アクセサリー類をカップルで購入する図が目立った。同じ王府井にある教会・東堂は、ライトアップで美しく装われていたが、ここも若者を中心に、それこそ立錐の余地がないほどの人出だった。ここ数年、中国の節句より、外国の節日を祝うヤツが増えて、やってられないね、とは帰りのタクシーの運転手の弁。

白石橋騰達大廈のクリスマス・イルミネーション。（加藤晴子氏撮影）

宗教的な行事でもなく、単なるお祭り騒ぎでけしからんと固いことを言わず、素直にクリスマスを共有するのも悪くない。並木の葉もすっかり落ち、彩りがまったく乏しくなったこの街に、クリスマスのイルミネーションは、潤いと温かさを感じさせる絶好の仕掛けなのだから。

メリー・クリスマス!!

――聖誕節

余墨点滴

王府井の通りの角にある東方新天地。ここのテナントの中で、私が見たところでは、スワロフスキーというオーストリアのガラス装飾メーカーの店が、最も繁盛していた。クリスタルガラスで作ったアクセサリーが人気だ。ネックレス、ペンダントやイヤリング、そんなものを女性の前でカードで支払う青年の姿が、微笑ましかった。スワロフスキーのアクセサリーは、ものがガラスであるためデザインの割に安価だ。一五〇〇元（約二万三千日本円）も出せば、しゃれたネックレスが買える。ペンダントならもう少し安価で、七〇〇元（約一万日本円）程度。それでも、中国の若者にしてみれば、相当高額かも知れないが、買えない値段ではないし、おねだりできる限度額くらいなのだろう。

――ショート・メール詐欺

昨年一一月、突然携帯に北京市公安局から警告のメールが入った。「北京市公安局からのお知らせ――通常の携帯電話を使った、銀行クレジットカードの利用情報は信用できません。被害に遭わないために、必ず銀行のお客様ホットラインか、または直接銀行の窓口で確認して下さい（発信1860／一一月一一日 16：07受信）」何の意味だろう、どういう手口なのだろうとは思いつつ、その時は、現実感もなくそれ以上深く追及しないままだった。

ところが、年明け後しばらくして、携帯に次のようなメールが来た。「中国工商銀行からのお知らせ——お客様は一月一五日陝西百貨店にてクレジットカードで六八〇〇元のご利用がありました。当行では約定日に引落とし決済させていただきます。もしご不審の点などございましたら以下にお訊ね下さい——029-62812476（発信 +8613626897０773／一月一六日 12：37受信）」前もって警告がなかったら、自分のクレジットカードが、ひょっとして不正に利用されたかと心配になるところだ。

この件は、すでにいろいろな形で話題になっていたので、その手口もずいぶんと話の種になっていた。この指定の番号に電話すると、それでは不正使用の可能性があるので、すぐに警察に届けなさいと電話番号を指示される。その番号に電話すると、それでは早速手配するので、クレジットカード番号と諸情報を知らせなさいと言われ、客はすっかり信用してクレジットカードの番号等、必要事項をすべて喋ってしまう、という経緯をたどるのだとか。

問い合わせ電話とそこで指定される警察電話が組になっているところが、巧妙なところだ。私の場合、中国工商銀行に口座を持っていないし、すでに予備知識があったので慌てなかったが、ひょっとして、と思わないことはない仕掛けだ。大体、お訊ね下さいと示す電話番号も、

029で、西安の市外番号に違いない。
日本では、「振り込め詐欺（旧称「おれおれ詐欺」）」が横行して、ずいぶん被害を巻き起こしたが、中国でもいろいろ出てくるものだ。それにしても、「陝西百貨」というところが、実に巧妙な味がある。そんな百貨店は現在実在しないが、遠くて確かめにくいし、かといって、まったくなさそうな名称でもない。そこが絶妙なるミソなのだ。

余墨点滴

中国の携帯電話には、この他さまざまな広告、勧誘が入る。ヤミ登録自動車（〝黒車《ヘイチョー》〟と記す）調達や銃器の斡旋、復讐報復請負、ストーカー行為代行（電話、追尾等）、ニセ証書作成、卒業証書偽造等々、その「広告」の種類は、不法行為のオンパレードで実に多岐にわたる。身長一m七〇㎝以上のロングヘアーの女性を斡旋、などという眉唾風の広告も着信した。返信して確認することを一度も試みなかったことが、唯一心残りだ。ただし、着信にも課金されるので、望んでもいないメールで料金を取られることに怒りを覚える向きもある。だが、これだけバラエティに富んだ興味津々の「広告」、私は喜んで受信した。

〝服務体貼〟

職業倫理の低下が問われ出した日本。だが、倫理の低下というより、満足してもらうためにもう一歩踏み込んでサービスしよう、もう少し便利さを提供しようという積極さに欠けることが、より大きな問題だと感じる。

春節休暇で一時帰国した際、北京に戻る前に、トランクを空港まで運ぶサービスを利用した。出発日前日の一二時から三時の間に自宅に集配に来るとのこと。当日、昼前からずっと待ったのだが、集配に来たのは三時。確かに時間通りで文句は言えない。だが、三時間も待たねばならない。集配ドライバーが、今どの辺だから、何時くらいに集配に行くと一本電話でもくれると、待つ方も目処が立ってムダな時間を過ごさずにすむ。こういう配慮が、今の日本に乏しい。

時間や客との約束に大雑把そうと推測されがちな北京の方が、この点では細やかだ。しばしば利用するチケットの宅配業者（「夜生活」参照）は、何時頃に届けると言った後、何らかの事情で時間が遅れるような場合、必ず電話で変更時刻を伝えてくる。

先日上海に出かけた際、ホテルの手配をインターネットの予約業者に依頼した。このネット・サービス、ウェブサイト上のフォームに記入して送信するや、即座に電話で確認してくる。予約が取れれば、これまた即刻メールで確認通知だ。別の機会に利用した際は、こちらが手配を依頼したホテルに対し、そこは料金のわりに部屋が狭く〝不合算《プーホースアン》〟（割に合わない）だ、この料金なら、これこれのホテルがお薦め、あるいは別にした方が良いとアドバイスまでくれる。別の候補を挙げて、二種類の部屋タイプの中、どちらが良いか選んでくれと頼めば、料金の違いは上層階か下かの違いだから、安い方で十分と教える。こういうサービスは、必要なことを十分満たした上で、ちょっとした気遣いによって信頼感、安心感が育まれ、実に心地よい。私は、帰国後も中国に出向く際は、このサービスでホテルを予約することに決めている。

きめ細やかなサービス（中国語で言えば〝服務体貼《フーウーティーティエ》〟）が売り物だった我が日本のサービス業、中国に比べて遜色があるのではと心配になる。約款通りの服務を提供すればよい、ということに止まらず、もう一歩、利用者が本当に必要とするものや満足感に思いをいたす、そういう想像力が求められるのではないか。

登り調子と下り坂の差、とするとこれは困ったことだ。

余墨点滴

チケット・サービスやホテル予約サイト等、ネット上の新興サービスで心配りが行き届くだけではない。レストランでも、新興勢力のある北京ダック屋さんは、予約をしておいたその朝、わざわざ電話をよこした。「白井様でいらっしゃいますか。本日のご予約、八名様で承っておりますが、お時間等ご変更はございませんか。」私は、携帯にかかって来たその電話が、てっきり何かの事情で予約を受けられない、キャンセルして欲しいと言うのかと、一瞬身構えたほどだ。また、東方新天地にある飲茶のおいしいレストランでは、私たちを迎えるやいなや、担当の女性が、〝先生《シエンション》，我怎麼《ウォゼンモ》称呼《チョンフ》你好《ニーハオ》？〟（お客様をどうお呼びしたらよろしいですか）と訊ねる。私は意味が分からず問い直す。すると、お名前を直接お呼びした方がよろしいかと思いまして、と……答える。実に細やかな気遣いだが、ここまで行くとちょっと先端的過ぎて、万人には理解されない憾みが残る。

VI

ことばと生活

〝性騒擾〟

〝性騒擾《シンサオラオ》〟と言う語、日本では「セクシャル・ハラスメント」と訳すのが一般的だ。ちなみに私たちが作った『クラウン中日辞典』（三省堂）でも、そう説明している。

ところが、これがどうもそうでないのかも知れない、と気付いた。先日ラジオ番組（テレビよりも言葉が中心のラジオに惹かれている）で、「夏になると、〝性騒擾〟が増加する傾向が圧倒的に高い。それは……」この辺から、私の耳はラジオに吸い寄せられる。セクハラと夏？　どんな相関関係があるのやら？　と傾聴し始める。

「……一般的に〝性騒擾〟は、バスの中や地下鉄、オフィス等の公共の場面で行なわれることが多い。……」えっ？　それってもしかして……？「夏になると、女性が薄着になり、甚だしきは肌の露出度が大変高い服装も見られる。最近の若い女性の流行で、腰の辺りが露出する短いTシャツやブラウス、股上が浅いジーンズも多い。また胸が大きく開いたシャツやワンピースも多く着用され、こうした肌の露出が〝性騒擾〟を誘発する可能性が高いからだ。……」えっ？　それって、もしかして「チカン」行為ではないの？「チカン」と「セクハラ」とは、違うはずだけど？

この番組では、結局夏に女性が薄着になり、肌の露出が高くなり、これが〝性騒擾〟を誘発する遠因を作っている、〝性騒擾〟行為を行なう人間が悪いのはもちろんだが、無用の被害を受けないためにも、女性も自ら注意が必要といった論が主調となっていた。このほか、年齢に関係なく、三〇代後半の女性でも、一〇代の高校生も被害が出ているから注意が必要だ、と締めくくる。

ここで状況想定される〝性騒擾〟は、日本では「チカン」行為と呼ばれるものに他ならない。地下鉄のポスターにもある通り「チカン行為は立派な犯罪」なのだ。これに対して、犯罪として処罰の対象になりにくい「いやがらせ」や「利益誘導を介在させた性的関係の強要」、これを「セクハラ」と言うのではないか。もちろん両者が重なる部分もあろうが、少なくとも、夏だ＝セクハラだ、という関係にはない。バスの中で、おねえちゃんのお尻を触ったら、間違いなく「チカン」であり、「セクハラ」とは言われない。エスカレーターの下から手鏡で覗いても、これは「セクハラ」ではなく、「迷惑行為防止条例違反」として警察に連行される行為だ。しかし、セクハラでは警察は介入しにくい。

この辺の境界というか、概念規定というか、あるいは社会的実態、それがまだ蓄積、定着していないところがありそうだ。加えて、中国で女子大学院生が「セクハラ」として博士指導教授を告発することが、どれほどリスクを伴うか、女子職員が局長のセクハラを訴えることができるか、そういう告発や異議申し立てをする力を社会が制度的に女性に与えているかどうか、その辺が問われるのかも知れない。もちろん、儒学の伝統を受け継ぎ、教授や局長、部長という指導者には、そのような君子にあるまじき人材など存在しない、ということなら結構なことだが……。

余墨点滴

二〇〇五年八月二八日、第一〇期全国人民代表大会常務委員会第一七回会議が「中華人民共和国婦女権益保障法」改正案を採択し、一二月一日から施行することを、国家主席胡錦濤名で即時公布した。その第四〇条では「女性に対して〝性騒擾〟を行なうことを禁止する。被害を受けた女性は、職場または関係機関へ訴える権利を有する」と明文化した。また同第五八条で「本法の規定に反し、女性に対して〝性騒擾〟を行ない、または家庭内暴力を行ない、治安管理規定違反を構成する場合、被害者は公安機関に訴え、違法行為者に対して法に基づく行政罰を求めることができる。また、法に基づき人民法院に民事訴訟を提訴することができる」と規定する。全六一条の条文の中、〝性騒擾〟の用語が出るのはこの二条だけだが、そもそも〝性騒擾〟とは何を指すのか、その概念規定が定かではない。

〝塌了〟

五月の連休中、北京の北方、小湯山（SARS騒ぎの際、隔離病院を設けて一躍有名になった）近くにある航空機博物館へ出かけた。畏友のKくん、日本学研究センターの前任副主任のOくん等、名だたるオタク御用達しの隠れたる名所だ。二週間後、陽光に誘われて再度訪れた。

敷地面積約七〇万㎡（新宿御苑の1・2倍／東京ドーム換算で言うと15個分）、展示機二〇〇機以上の規模。一回では回りきれないのだ。今回のお目当ては、前回見落とした零式艦上戦闘機、いわゆるゼロ戦。中国戦線で鹵獲《ろかく》された機種は、重慶爆撃の支援をした一一型だろうか、それとも……と期待は膨らむ。三環路の安貞橋からバス（九一二路）で向かったが、途中で乗り換えねばならず、結構遠い。

ようやく辿り着き、まずは展示室へ。まるで、サンダーバードの秘密基地のように、小高い丘の下をくり抜いて作られている。これは、東西冷戦期の七〇年代まで、スパイ偵察機から保有機を隠す地下格納庫だったとか。旧日本陸軍の川崎九九式軽爆撃機（中国戦線に投入）や、旧国民政府に提供された米ノースアメリカン製P51ムスタングなど、プラモデル世代には感涙ものが並ぶ。しかも、実機の修復機か復元機だ。地下格納庫を出ると、そこにはミグ戦闘機が整列駐機する。その先、広い敷地一面には大型機、爆撃機などが展示され、どこを見ても興奮感激の塊。米軍のB29爆撃機（日本空襲でお馴染み）を、旧ソ連がコピーしたツポレフ4（Tu－4）型爆撃機も、惜しげもなく露天展示だ。

だが、ゼロ戦を迎え撃った中国空軍のソ連製I－16の方は展示されているが、どこをどう捜しても、ゼロ戦の実物大が見当たらない。先日の反日デモの影響

航空機博物館。B29をコピー機したツポレフ4（Tu-4）が露天展示 ――――

で、展示をやめたのか。弱気な予測が胸を過ぎる。だが、ここで引いては、せっかく案内した科学史専門の先生と副主任氏に悪いし、再訪した甲斐もない。そこで、意を決して事務室で事情を訊ねた。係の人は、実にあっけらかんとして言う。あれは、鹵獲機を復元したものではなく、単なる模型だよ。しかも、作りが悪かったので、この前〝塌了《ターラ》〟（崩れた）なのさ。いずれ、作り直す計画だけどね……。ええーッ、〝塌了《ターラ》〟ですか、それは残念だ。秋頃、また来てよ。仕方ない、では……。これを脇で聞いた副主任氏、しばらくして厳格な語学者の顔でそっと囁《ささや》いた。先生、〝塌《ター》〟は三声でなく一声ですよ、と。

そういえば、事務室の人は一声だったかな。それでも、会話はちゃんと成り立ったから良いじゃない？　これで、日常生活は構わない。むしろ上出来だ。だが、帰国するとまた語学の授業を担当する教師として、これは大分マズイことになっている。もともと天津仕込みだから、その影響も無視できないし……。

余墨点滴

北京のB、C級博物館としては、この他に〝坦克《タンコー》〟（戦車）博物館（昌平区陽坊鎮）もある。こちらは、人民解放軍陸軍が運営する。旧日本陸軍の九四式軽装甲車や九七式中型戦車、一九八九年の天安門事件時、長安街を制圧したものと同型の五九式中型戦車も保存展示される。さらに、対戦車砲のシミュレーションや八一年式と九五年式軽機関銃の射撃シミュレーションゲームなどもあり、楽しめる。人民解放軍の兵隊さんが、構え方から照準の合わせ方、引き金の引き方まで丁寧に教えてくれて五分間五〇発五元。もう一箇所、こちらは北京市内のど真ん中、天安門広場の直ぐ東側、東交民巷にある北京警察博物館。人民共和国建国以来の刑事事件、重大犯罪等を、要領よくディスプレーで示す。特に目を引いたのは、北京旧城門の鍵。国民政府北京警備部が北京を明け渡した際、共産党軍に移譲した物とか。城門の鍵を渡すことが降伏開城の証だという事実を、現物で教えてくれる。

いけない中国語

昔、私たちが中国語を習った頃、それは日本語であってそういう言い方をしてはいけない、という類の語をいくつも教わった。今で言えば、日中同形異義語と言うのだろう。私も作文の時間の時など、一生懸命少ない語彙を並べて何とか表現したつもりが、それは日本語の語彙であって中国語でその語彙を使うと、とんでもない意味になってしまうよと、半ば呆れられたように注意されたものだ。

たとえば、こんな寓話まで紹介されたほどだ。ある男が犬を連れて菜館に入った。自分の料理を注文した後、連れていた犬にも何か与えて欲しいという意味で、ボーイに向かって犬を指さしながら、紙に〝料理〟と書いた。意味は伝わって、ボーイは早速奥の調理場に犬を連れて行った。男は、犬に調理場で何かやってくれるのだと思っていた。ところがしばらくして、その犬が調理されて運ばれてきた。男はびっくり仰天してしまったとか。

いけない日本語もまだまだ目に付く。明十三陵長陵にて ——

その〝料理《リアオリー》〟が、今北京で横行している。曰く〝日本《リーペン》料理〟〝韓国《ハンクオ》料理〟……。う〜ん、これは正真正銘〝菜《ツァイ》〟の意味だ。以前なら〝日本菜〟〝朝鮮菜〟と言えと教えられたはずの言葉なのに、今はそれが実に特筆大書して看板に大きな顔で輝いている。

もう一つ。日本語では「あし」のことを「足」と書くが、中国語では〝脚《チアオ》〟と〝腿《トウエイ》〟の二部に分けて使わないといけない、〝足《ツウ》〟は「あし」の意味では使わない、と教わった。しかしだ、今の北京には到るところに〝足〟と漢字で書いた看板が目につく。ネオンにさえなっているし、少ししょぼいところでは、いくつかの電球を組み合わせて、わざわざ「足」の字を象《かたど》った電球サインを掲げている。これは、足裏マッサージのお店だ。表通りでも裏通りでも、本当にあちこちで目にする。北京中に足裏マッサージがはびこっていると見まごうほど。その上、デパートやショッピングセンターの電動マッサージ機売り場では、いつも誰か人が座って試しているから、足のマッサージの需要は相当高いものと推定される。

ところでこの〝足〟、どうやら「外来語彙」として使っているふしがある。ひょっとしたら〝料理〟も同類かも知れない。なるほど、便所というより「トイレ」と言った方が臭いが緩和されそうだし、コンピューターと言うより「電脳」と言った方が、ちょっと「新しい」っぽい……の類なのかな。それが証拠に、〝広東《クアントン》（粤《ユエ》）菜〟はまだ〝広東料理〟とは表記していないし、〝湖南《フーナン》（湘《シアン》）菜〟も〝四川《スーチュアン》菜〟も〝料理〟とは言っていない。

それにしても、これから中国語の授業で、これは日本語の語彙だから使えない、なんて説教で時間つぶすことができにくくなったのは事実だ。でもその分、昔言えなかった表記が、今では新しい色合いを帯びて使うのだな……なんてネタで、これまた時間つぶすことができるという次第ではあるけど。

余墨点滴

犬を指して〝料理〟と書いたため、飼い犬が調理されてしまった寓話、相当作り話っぽい。だが、中国では、朝鮮韓国と同様犬を食べる食習慣がある。私も、洛陽に行った際ご馳走にあずかった。鍋にして食べたが、ホクホクして、しかも脂は少なく、馬肉か鹿肉といった感じの赤身の獣肉系で、正直言って旨かった。〝肥肉《フェイロウ》〟（脂身）より〝痩肉《ショウロウ》〟（赤身）に食嗜好が移っている私には、まさにうってつけ。ただし、調理の仕方は、相当技倆を要するかも知れない。もちろん、すべての中国人が犬を食するわけではない。北京に帰り、日本学研究センターでこのことを話したところ、愛犬家の日本人事務主任は、私を白い目で見て、「当分先生とは口をききませんからね」と厳しく叱責し、中国人職員は、犬なんか食べたのですかと軽蔑の眼差しで見た。

――ディー・ウィー・ディー

中国語（北京語）の音韻体系には、Vの発音がない。今時、北京でも溢れるほど出回っているDVDを、従って彼らは「ディー・ウィー・ディー」と発音する。そのことに最近気がつき、使ってみることにした。

先日、住居の北京友誼賓館のすぐ脇にある大中電器に出かけ、DVDプレーヤーを物色した。この電器屋さん、一階は携帯（〝手機《ショウチー》〟）やパソコン周辺機器、プリンター（〝打印機《ターインチー》〟）等、二階が冷蔵庫・洗濯機等のいわゆる「シロもの」とエアコン、四階が〝家庭影院《チアティンインユアン》〟と称する、要するにホームシアター。そして三階がお目当てのDVDプレーヤーを主としたフロアだ。三階に上がると早速「何をお探しで？」とくる。そこですかさず「ディー・ウィー・ディー」と答えると、店員は待ってましたとばかりに、次々に商品を繰り出す。

ところでこのお店、一階二階はあらゆるメーカーの商品が品種ごとに並んでいるが、三階四階は、どうやら各メーカーからの派遣店員が販売している様子。よく見れば、それぞれブースのように仕切って、自分のメーカーの製品だけを勧めている。いくつかのメーカーのブースを冷やかしていたら、あるメーカーのおばちゃんに呼び込まれた。アモイのメーカーだ。

この製品は抜群で、カラー再現度が……何と言っても〝糾錯能力《チウツォノンリー》〟（エラー補正能力）が抜群、ほらご覧なさい、この傷だらけの「ディー・ウィー・ディー」、これでも見事に再生しちゃうから……。でもなあ、外国の「ディー・ウィー・ディー」なんか、〝区域号碼《チュィユィハオマー》〟（リージョンコード）で見られないでしょ？　何を言うんですお客さん、当社のプレーヤーは、ほら裏の入力端子をご覧なさい、見えます？　〝区域号碼〟が1から6まで全部書いてあるでしょ？　1がアメリカ……6が中国ですよ、ね、分かります？　と言うことはどういうことかと言うと、このプレーヤーは、世界中どこの「ディー・ウィー・ディー」でも見られる、ということなのよ、ね？　もうこれ以外ないでしょ？　お値段？　今日は特別価格で、五九八元でいい、いつもは八五〇元してるのよ、まだ迷ってるの？　お客さん、何にも心配はないから、これになさいよ……

私は、手持ちがそれほどなかったので、その場では買わなかったが、その後、学会に上海まで出かけたり、仕事が忙しかったりで、いまだに買っていない。五九八元がまだ有効なら、やはり買ってしまおうかな、と物欲の潮が引く中で今でも優柔不断に考えている……。

余墨点滴

八か月後、結局私はこの大中電器で、中国製のDVDプレーヤーを購入した。代金は、四九〇元。しかもおまけにヘッドホンまでつけてくれるほどだった。この時で購入しなかったおかげで、さらに格安になったわけだ。しかも、私が懸念した最大の問題、電圧の相違は、見事にクリアされていた。すでに輸出も行なう中国家電メーカーは、百ボルトから二百四十ボルトまで使用可能なトランスを搭載させているのだった。

〝不客気〟

先日、出勤前の慌ただしいところへ電話。何かと思って受話器を取ると、こちら郵便局ですが……と言う。昨日ＥＭＳで荷物を発送された白井様ですね、と。はいそうです。実は、昨日、荷物の送料を間違え不足が発生してしまいました。誠に恐れ入りますが、料金をお持ちいただくか、こちらからいただきにあがりたいのですが……と。

こちらに来られても、待っていなければならないし、どうせ出勤すれば、日本学研究センターから郵便局は遠くない。それでは、私が午前中に伺いましょう。そうですか、それではお待ちします、本当にどうも申し訳ありません（〝真不好意思《チェンプーハオイース》〟）と。

出勤後、連絡など細かいことを片付け、早速郵便局に出向く。いつもは待たされ、ようやく順番が来ても、ここをここに記入がないなどとつっけんどんに言われるばかりの郵便局だ。恐る恐る指定された担当者の名前を告げる。すると、何と向こうは、カウンターの向こう側の席から立ち上がり、満面笑みを浮かべ、荷送り状の控えを示して、これこれで料金がこれだけ不足する、誠に申し訳ない（〝真不好意思〟）と平身低頭。

この兄ちゃんは、普段はカウンターの向こうで居丈高に指示するのに、今日だけは実に低姿勢だ。荷物は、すでに送ってくれているの？　ハイ、それはもう昨日の中に。

中国人だったら、なぜそんな不足が発生したのか、それは私の責任ではない、現に料金はすでに払い、ほれこの通り「受取」「控え状」もある。今さら、なぜ不足料金を払わねばならないのか、と「道理」を滔々と並べ立てるところだろう。だが、心穏やかな日本人は、四の五の言わず、にこやかに請求された料金を払う。細かいことは言いっこなしだ。

帰り際、普段は接客態度のよろしくない兄ちゃんが、再び立ち上がって〝歓迎再来《ホアンインツァイライ》！〟（またどうぞ）とお愛想。最敬礼とまでは言えないが、背後で軽く会釈している気配さえする。

後ろ手に手を振りながら、郵便局を出た。

ま、いいってことよ（〝不客気《プーコーチ》〟）！

余墨点滴

郵便局は、局により応接の態度がまるで違う。居住する北京友誼賓館内の郵便局は、とても親切で物わかりがよい。一方、市中の局は、何度も通って顔馴染みとなれば別だが、普通は、あまり愛想がよろしくない。しかし、その専門職としての技倆と誇りは相当なものだ。荷物を送ろうと郵便局に出かけ、これこれの衣類と本とCDを送りたいと品物を見せる。すると、小包係はすかさず箱を取り出す。それでは入らないかも……とこちらは危惧する。ところがどうだろう、小包係のお兄さんは、手早く箱詰めをし、入らないのではとの危惧をよそに、衣類を思いっきり押し込んで入れてしまう。なるほど、お見事！　と感心する。彼は、やや照れくさそうに、それこそ〝不客気〟と応えるのだ。

〝真討厭，笨！〟

先日、芝居を観る前に軽く腹ごしらえをしようとマクドナルド（〝麦当労《マイタンラオ》〟）に入った。私は、サービス券（〝包礼《パオリー》〟）があったので、これでハンバーガーと飲み物を手に入れ、あとはどうしようかな……とお気楽な感じで列に並んだ。ところが、私の並んだ列の前の女性がなにやら揉めている。どうやら若い女性の店員が、要領よくその女性の注文した品を揃えられず、何か違うものを渡してしまったらしい。客の女性は、身なりもきちんとしていて、なかなか上品そうな感じ。日本流に言えば、「山の手」の奥様風といった感じの女性だった。

とうとう埒《らち》が明かずに、マネージャー格の男性が出てきて、若い女性店員の後ろで一々指示し、どうにか希望の商品をトレーに載せて、女性客に渡し終えた。と、その時だ。女性客の方が、カウンターに身を乗り出し、トレーの商品を受け取りざま、若い女性店員の顔をしっかと睨みつけてこう言った。

〝真討厭《チェンタオイエン》，笨《ペン》！〟

蛙の顔にション便といった体でへらへらしていたこの若い店員も、さすがに顔がこわばり、体が一瞬固まった感じだった。さしずめ「むかつくんだよ、このグズが！」とでもいったところだ。威圧効果満点、〝笨〟のbの発音が、口元でしっかり音を溜め、いかにも憎々しげに破裂されるから、ぐさっと胸に突き刺さる。

〝文明《ウエンミン》〟（礼儀正しい）的になって久しい北京で、久々に実効性のある罵倒の言葉に接した思いだ。運転手が、前方をモタモタ走る車に、独り言のように〝真討厭，有病《ヨウピン》！〟などと罵ることは何度も耳にしてきた。しかし、面と向かって相手に憎悪を投げつける、直接の罵倒だ。しかもそれが、身なりもきちんとして、生活レベルも高そうな婦人の口から吐き出される。

これほど威力ある罵倒のことば、日本の女性には、なかなか吐けないだろう。せいぜい「気をつけてよ‼」とか「ちゃんとやってくれないと困るんだから……」などということばを、それも振り向きざま、顔を向き合わずに吐き出すのが関の山ではないか。

やっぱり、中国女性を怒らせると怖いのだ。これは、歴史的にもかなり豊富な実例が残るものだから、侮ってはいけない！

余墨点滴

中国語の罵り語は、古くから相当豊富だ。魯迅はかつて「論〝他媽的！〟（〝他媽的〟について）」（一九二五年七月『語絲』第三七期、のち『墳』所収）を書き、この語の来歴や諸外国語における類縁関係などを考証した上で、〝他媽的《ターマータ》〟を「国罵」とした。この語は、母親を性的に侮辱する意味を表し、それは翻ってそのような女性から生まれたお前自身が汚らわしいと罵る方式だ。これは、血統を重んじ、祖先崇拝を重要な原理とする中国人には、その根本原理を揺り動かす罵倒となる。だが、実際には、つまずいたり何かに不意にぶつかった際など、ふと口をついて出る語として、それこそ「人口に膾炙」していた。「チクショウ」といった程度にインフレ化していたのだ。ところが、最近は、この語をめったに耳にしない。中国人がみな行儀良く、礼節正しくなったのかというと、そうとも見えない。インターネットやチャットなどでは、TMD（次項「少費話」参照）と表記して、「他媽的」を直接表すことを避けたりする。また、タクシーの運転手が、前方の進路に割り込みされた時など、〝他有病！〟（ビョーキだよ）とか〝神精《シェンチン》病《ビン》！〟（おかしいんじゃない）などと罵る。ひょっとすると、個人社会に移行して、罵る対象も、先祖代々一族郎党から「お一人様」限定となったのかも知れない。

〝少費話〟

北京の地下鉄は、現在ものすごい勢いで建設中だが、営業運行中のものは、長安街の下を東西に走る一号線と旧城壁下を環状に走る二号線だけだ。この他、〝城鉄《チョンティエ》〟と称される、西直門から東直門まで、回龍観や望京などを結んで半円状に走る地上線の一三号線がある。

この地下鉄は、一三号線を除くと料金体系は単一で、どこまで乗っても三元。ということは、二号線なら何周乗っても三元ですむ。まさかそんな暇な人間はいるまいと思うが、実はこれがいるのだ。

それは、車内を巡る物乞いだ。大体身体に障害がある人が多く、一人で松葉杖をつき、もしくは二人でペアを組んで、足が悪く匍匐《ほふく》歩行しかできない相方を介助しながら車内を巡回する。目の見えない子どもと母親らしい女性とのペアもいる。大音響のテープを流し、あるいは横笛で郷愁を誘う音色を聞かせたり、エンドレステープのお経で仏心に訴えたりと、あの手この手だ。北京の地下鉄車両は、車両間を移動できない構造なので、駅に着くたびにこの物乞いは、ホームに降りて次の車両に移る。

最初は、その大音響に度胆を抜かれ、何が来たのかと驚き、そして慣れるに従い、またかとウンザリしたり、時には気の毒に感じて多少の寄進をしたりする。

先日も松葉杖で、きれいな横笛の音色を聞かせながら回る物乞いに出会った。テープではなく、ライブである珍しさも手伝って多少の小銭を与えた。するとこの物乞い、きちんと礼を言い、さらにお愛想まで言う。次の駅に着くまでまだ間があったため、さらにこんなことを言い出す。

旦那さんはインテリさんでしょ。おでこが広くて福相でいらっしゃる……。我々庶民だと、六〇歳過ぎてようやく旦那さんみたいに薄くなるんだが、やはり頭をしょっちゅう使われるんでしょうかね……。

おいおい、〝少費話《シャオフェイホア》〟（余計な口をきくな）だ。〝TMD，給我滾《ケイウォクエン》！〟（この野郎、うせろ）と怒鳴りつけてやりたかったが、そこは品性ある日本人だから、自重して〝去你的《チュィニータ》！〟（いい加減にしろ）とくらいしか言えないところが残念だ。

ひと言余計な物乞いもいるものだ、まったく！

余墨点滴

北京の物乞い、注意して観察すると、その縄張りと技倆との間に相関関係がありそうに見える。鼓楼近くの什刹海脇で胡弓を弾く物乞いは、実に良い音色を出していた。一方、西北部に当たる北京友誼賓館前の中関村南大街に拠点を構える盲目の物乞いは、〝竹板《チューバン》〟（カスタネットのような拍子木）で拍子を取りながら胡弓で弾き語りしていたが、これは実にひどいノドであり音だった。寄進しようにも、多少の芸を見せてくれないと、出すものも出しにくい。一等地と「郊外」とでは、物乞いにも格付けがあるのかと、その差の歴然たることに驚く。友誼賓館脇のあの物乞いは、いつかメジャーの地に昇格することがあるのだろうか。

地下鉄は、その後五号線が開通し、料金も二〇〇七年一〇月から、路線に関わりなく一律二元に改定された。物乞いのおじさんたちのコストも低減されたわけだ。

〝你好〟

これまで中国語の授業を担当していて、内心忸怩《じくじ》たる思いがあった。学生に最初に教える挨拶言葉、〝你好《ニーハオ》〟だ。教えるのは良いが、いざ中国に行くと、普通は使わない挨拶言葉で、特に中国人同士では、めったに使わない。在米中国人のPeter Wang（王正方）が監督した*A Great Wall*（一九八六年、米）という映画の中で、青年が心を寄せる女性に〝你好！〟と声をかけると、彼女「何よ気取って、外人みたいな言いかたして！」と応じていた。

そういう〝你好〟を、いくら教科書に載っているからと、挨拶言葉として教えることには、やはり多少の内心の葛藤が、これでもあったのだ。

ところが、今回北京の滞在で気がついたのだが、この〝你好〟が、実に幅広く使われている。お店に入る、すると店員がすかさず〝你好！〟と笑顔で迎える。飲食店などでは、〝你好，歓迎光臨《ホアンインクアンリン》！〟（いらっしゃいませ）と、全員で唱和するほど大きな声で迎える。

それならだいぶ前から使われているではないか、と言われるかも知れない。ところが、〝你好〟の使い道は、これでは終わらない。たとえば、飲食店で食事が終わり、勘定をしてもらおうと店員を呼ぶ時、今までなら〝小姐《シャオチエ》・結賬《チエチャン》！〟（お姉さん、お勘定）と呼んでいただろう。ところが最近は、この呼びかけの冒頭に〝你好！〟とも使うのだ。もちろん〝服務員《フーウーユアン》，結賬！〟（店員さん、お勘定）と声をかける人もいる。こうして呼ばれた店員は、客の前に来

てこう言う：〝你好！　埋単《マイタン》，是吧《シーバ》！〟（お会計ですね）

さらに、たとえばCD屋さんで目当てのCDが見つからない、少し離れたところに店員がいるから訊ねよう、そんな時にも〝你好！　有没有《ヨウメイヨウ》○○的《タ》CD？〟（あの、○○のCDはある？）と訊けば、店員はすかさず笑顔で〝你好！　○○的CD，是吧？　稍等一下《シャオドンイーシア》，我找一下《ウォチャオイーシア》〟（はい、○○のCDですね、少々お待ちください、捜してみましょう）などと応える。

〝你好〟は、すっかり挨拶言葉の位置を占めつつある、ということなのだ。私の宿舎の北京友誼賓館の服務員は、毎日顔を合わせるごとに〝你好！〟と声をかけてくるし、勤務先の日本学研究センターの職員も、毎朝顔を合わせると〝你好！〟だが、これは外国人対応編というところか。

こう見てくると、〝你好〟は、実に便利な挨拶言葉になってきたことが分かる。これからは、中国語の授業でも自信を持って教えられる。挨拶は、〝你好！〟と言えばよいのだよ、と。

余墨点滴

北京で人気があり、東方新天地や西単、その他に次々出店して勢いがあったパン屋に〝麺包《ミエンバオ》新語《シンユィ》〟Bread Talkという店があった。ここでの私のお気に入りの一つに、〝你好〟という商品がある。丸くこんもりした、メロンパンのような形で、表面を固くかりっと焼き上げた（昔私の家の近くのパン屋では、こういう形のUFOという商品があった）その上に、チョコレートの細

・・・・・・・

い線でスマイルマークを描いただけのもの（中はクリームパン）。これが実に愛嬌があり、そのネーミングといい、絶妙だった。主食としては、この店の「雑穀全粒パン」の方が良かったが、店に入ってトレーを持つと、ついこの〝你好〟にも手が伸びてしまった。

VII アウトサイド北京——外の空気

上海游記

　先日、学会で上海にでかけたので（「携帯の電源はＯＮで」参照）、上海の印象を少々。我が同僚の派遣教授のお一人が、先に上海で講演をしてきたが、その彼曰く「上海は良いですよ。ホッとする。あそこなら二、三年住んでも良い」。日本近代文学専門のこの先生、何だか芥川龍之介の逆をいっているかのようだった（詳しくは芥川龍之介『支那游記』参照）。私は、今回の上海滞在で、何が彼をそこまで魅入らせたのか、と考えていた。

　確かに、道路は北京より狭く、歩道ぎりぎりまで迫って細い建物がそびえ立つさまは、日本の街路に似る。また街中のビルすれすれに貫通する都市高速も、あたかも東京の首都高速を彷《ほう》彿《ふつ》させる。そして樹木、これは先の近代文学の先生が述べたことだが、北京はポプラやエンジュ等北方系の樹木なのに対し、上海はアオギリや、イチョウが街路に植わり、私たち日本人に見慣れた光景を呈する。さらに私が見るには、道路際に構える商店の色調が、小ぎれいであると同時に、そのトーンが日本人に馴染みやすい色調（中間色やパステル調）であることも、目に馴染みやすさを生んでいると思う。

ところが、長年上海に暮らしていた人は、でも北京の方が人は良いですよ、と言う。う〜ん、そういわれてみれば、上海で乗った地下鉄では席を譲るどころか、私の目の前に空いた席を、若い男女の男の方が奪い取るように占拠し、騎士よろしく彼女に座らせていたほどだった。ところがだ、これは人徳と言うべきか、年の功と言うべきか、またしても心優しき人に、私は出会うのだった。そんなに奪うようにしてまでして座らなくても良いと考えた矢先、私の脇腹をツンツンと突く人がいる。何をするのだと横を向くと、実に冷徹そうで無表情な女性（若くて美形ではあった）が彼女の前の席を指している。はは〜ん、私に座れという合図かと察して、〝謝謝《シエシエ》〟（ありがとう）と座る。しばらく座って、私が降りる際、この彼女に〝謝謝〟と言って譲ったら、何とも可愛いにこやかな笑顔で応えたのだ。「誰だ、この心優しき上海女性を人が悪いなどと言ふのは？」芥川流に言うと、そんな言葉が脳裏に浮かんできた。「蛮市」などとは、過ぎ去った遙か過去の話なのだ。

上海、外灘の夜景 ―――

余墨点滴

芥川龍之介は、大正一〇（一九二一）年、大阪毎日新聞の特派員として、三月から七月にかけて、上海、蘇州、長沙、北京、天津等を旅行し、その紀行、印象記を『毎日新聞』紙上はじめいくつかの雑誌に発表した。その後、単行本として刊行。この中で、芥川は、上海を「蛮市」と糾弾する一方、北京は「王城の地」として、「ここなら二、三年すんでもよい」と賞賛した。この上海と北京への認識の差には、当時の上海がまだモダン都市として未発展であったこと、一方の北京は一九二〇年代の後半から零落してゆくが、この時期はまだ清朝時代の余香が残っていたこと、この二点があずかって力がある、というのが私の見立てだ。

八月最後の土日、泊まりがけで天津に出かけた。天津で歴史のあるホテルに泊まってみたかったのと、天津を舞台にした戯曲作品の、その舞台となったホテルを探して実地検分してみたかったからだ。天津を舞台にした作品というのは、曹禺の戯曲『日出』。すでに学術的には定説だが、作品に描かれる西洋的生活スタイルから、一般にはこの作品は上海を舞台にしていると誤解されがちだ。そして、この『日出』の舞台となるホテル、これが実在するホテルであることが明らかにされている。もちろん、一つのホテルの実話ではなく、租界の中にある、とあるホテルという理解でよいのではないかとの「読み」ももちろん肯定するが、実際にあるホテルなら、そこを実地に見てみたいではないか。そのホテルの名は「恵中飯店」。

まず泊まったホテルの方。これは、「利順徳大飯店」と言い、一八六三年開業。李鴻章も愛用したとか、北京の紫禁城を追われた廃帝溥儀も、一時ここに宿泊したと言う。さらに、奉天系軍閥の跡取り張学良は、子息を失った際、天津の邸宅を出てこのホテルに宿泊し、後に生涯をともにする趙四小姐と過ごすことで傷心を癒したという「艶聞」も残している。ところでそうした逸話が、このホテルでは未だ過去のものとはなっていない。現実にその部屋が残っていて、今でも宿泊できるのだ。ホテルの宣伝文句では、中国のホテルの中で、唯一国務院の制定した「重要文化財」なのだそうだ。実際、空室であった「梅蘭芳之間」は、見学させてくれた。

「恵中飯店」の方は、零落甚だしい。このホテル、もともと映画館を併設して、その映画が終わった後、ロビーに「社交之花」のオネエさんたちが、男性客を待ち受け、どこかにデートに出かける、あるいは、もちろん一緒にお泊まりもOKという、実に何と言うか、「便利」な施設。場所は、今でもショッピング街である濱江道と和平路が交叉するところ。向かい側には、天津の老舗デパート「勧業場」がある。

と、目星を付けて、まずは利順徳ホテルのフロントで訊いてみた。すると、あるにはあったのですが、今は営業していませんとの答え。そこで、タクシーに乗って運転手に「恵中飯店」までと言う

利順徳飯店シングルルーム。レトロな雰囲気で設備も古いがゆったりした空間。最新五つ星ホテルに比べ、格段に安い ———

と、恵中ね、知ってますよ、だけど……え～とどこだったっけかな？　となる。それでも天津人は実直だ。運転手は、あちこちで懸命に訊ねながら、ついにその場所へ連れて行ってくれる。ところがどうだろう、ホテルはすでにない。建物は、ほぼそのまま残っていて、名前も「恵中」を冠してはいるが、今では「恵中鞋城」と靴屋に変わってしまっているのだった。

余墨点滴

中国人の友人に聞いたジョークにこういう話がある。酒もタバコもやらない人は、寿命が六〇歳台どまり（実例：劉少奇）。酒だけでタバコを吸わない人は七〇歳台（実例：周恩来）。酒を飲まずタバコだけの人は八〇歳台（実例：毛沢東）。酒もタバコもやる人は九〇歳台（実例：鄧小平）。酒もタバコもやり、なおかつ女性も嗜むなら百歳まで（実例：張学良）。百歳まで生きた例に挙げられるのが、張学良（一九〇一～二〇〇一）だ。一九三六年末の西安事変で世界に名を轟かせて以降、表舞台から姿を消したが、一九九〇年、日本のNHKの取材に応じ、その半生を明晰に回顧してみせ衝撃を与えた。「艶聞」と記したが、趙四姐とは、没するまで生涯をともにした。

曹禺『雷雨』は、「幕間にはコーヒーを、はねた後には……」を参照。

天津 On My Mind 2

ようやく探し当てた恵中飯店（の跡）。すぐ向かいは、なるほど勧業場だ。ここなら、ずいぶん前から来ていた。初めて学生を引率して天津を訪れた一九八一年。まだ私が愛知大学に勤めたばかりの頃、最初の一週間だけ東亜同文書院出身の老教授がサポートしてくれたのだが、その時、この天津の中学出身であった老先生が連れてきてくれたのが、この勧業場へ来た最初だった。

その後も、それこそ何回も南開大学へ来たが、その度に何度も勧業場へは来ていた。そうか、ここなのか。それなら、もっと前に恵中飯店のことを知っていたら、ひょっとして「現役」の恵中飯店をこの目で確かめることができたかも知れないのに、と少しばかり自らの不明を悔やむ。

そこで、せめて現在の姿でも収めておこうと写真を撮っていると、観光案内で輪タクを引いているオヤジが近寄ってくる。どうせ客引きかと多寡をくくっていたら、あんた写真を撮るなら、向かい側のこの建物も撮ってくれなくちゃ、これは中国最初の洋式銀行の一つの浙江興業銀行だ、そしてこっちは交通銀行だったところ。それからこれが……これは恵中飯店だろ、そうそう、あんた分かってるじゃないの、しっかり撮ってくれよ、と話が弾む。

北京の人間（または北京好き）は、概して天津への評価が低い。やれ空気が悪い、道がゴチャゴチャしている、人間ががさつだ等々。でも、私は最初の中国滞在体験が天津だったせいか、どうも天津の街並み、人、雰囲気に、他人事でないような親近感を感じる。だから、この輪タクのオヤジとか、恵中飯店を一生懸命探してくれたタクシーの運転手とか、こういう天津

もとの恵中飯店。テナントは転々と替わる。右が天津勧業場 ――――

人に会うと、ああやっぱり天津は良い、と心が吸い寄せられる。あるいは人が良いと言うべきか。現金が少なくなり、この近くに中国銀行はないかと客待ちの運転手に訊くと、運転手仲間とあれこれ相談した上、これまた一生懸命頭をひねって、ついに見つけ出してくれたりする。こんな時、ああ、天津に来て良かったとつくづく感じる。使い古された語だが、我が心の故郷のようなものだ。

実は、八月初めにも、日帰りで天津に出向いたが、一度も不愉快な思いをしたことがない。天津駅頭に降り立ったその時から、タクシーの客引きに出会うし、北京行きのバスの勧誘などもうるさいのだが、こういう場面でも、天津人はどこか「ゆるい」。今回は、金曜日の夜の列車で出かけたが、駅頭に着くなり、北京行きのバスはどうだいと誘うおっさんが来る。何言ってるんだ、今、北京から着いたところだよと言うと、そうかいお帰りとこちらの肩を叩いて応じる、そういう客引きのおっさんたちこそが、天津人なのだ。

余墨点滴

天津は、一八六〇年、開港とともに英租界がその中心部に開かれ、翌六一年には仏、米がこれに続いた。日清戦争後、独（九五年）、日（九七年）が、義和団事件後に露（一九〇一年）、ベルギー、イタリア（〇二年）が、さらにオーストリア（〇四年）がそれぞれ租界を開設した。その後、米租界が英租界に併合されたり、ロシア革命によりロシア租界が返還されたが、多国籍租界が分立する状態が天津の基本だった。

天津は近代になって発展した都市であるため、他地域からの流入者が多いと考えられる。その方言の系統からは、山西省からと江蘇、安徽省からの移住者が多いと見られる。また、主要産業が港湾荷役作業と炭坑業、鉄道交通関係であったことが、天津人の気性が荒いと言われる遠因を形成する。

勧業場は、一九二八年開業の老舗。開業当時から中国人資本で、かつては〝不到勧業場《ブータオチュアンイエチャン》，白来天津衛《パイライティエンチンウエイ》〟（勧業場に行かなければ天津に行った意味がない）とまで言われたが、今は日系の伊勢丹、イトキン（〝伊都錦〟）等に押され気味だ。

確かに、北京に比べるとどこか「カルイ」感じがあり、また、上海ほど垢抜けもせず、それこそダサイ感じもある。

道は北京のように真っ直ぐで広々していない。緩やかに蛇行するメインストリートと、これに交叉する道が錯綜し、東西南北に条理に道路が通じる北京に比べると、確かに分かりにくいかも知れない。でも反対に、街並みを歩く際、道幅が狭いことがかえって身の丈の感覚として掌握しやすいし、歩いていて微妙に曲がりくねる道は、視線が変わって変化に富む。

天津は、海河が街の中心を南北に湾曲して貫いているため、どうしても道路は曲折する。その曲がりくねった街並みに、上海とは異なり八か国のそれぞれの租界があった。上海は、フランス以外は共同租界だったから、道路や交通網などある程度共用性があったが、天津では、これがもっと複雑だった。そして、それぞれの国独自の建築洋式で、オフィスや住宅を建てたから、天津の街全体としては、実に「パッチワーク」的だ。だが、街路の一角一角ごとでは、見事に様式が統一されている。言ってみれば、欧米建築様式のショールームみたいなものだ。現在、天津はその街並みを利用して、「イタリア風光街」とか「五大道旅遊風光街」などとして、観光資源化しようと修復再現に躍起だ。一方、旧来の密集住宅街を、一戸建ての高級洋式住宅の分譲地に転換しようともしている。

だが、天津の魅力は、そうした整備され塵一つない美しいモデルハウスのような洋式街区なのかというと、これは首を傾げたくなる。ゴチャゴチャして汚らしいよりは、きれいな方が良いに決まっている。でも、きれいになることと、天津人らしい人なつっこさやその活気を失うことがトレードオフの関係になるなら、やはり疑問を感じる。フレンドリーでもあり美しい、天津はそんな街になって欲しい。「梅蘭芳之間」を案内してくれた利順徳大飯店の服務員が、もう二、三年して、修復整備が完成したらぜひまた来て下さいと言っていた。〇八年のオリンピック後あたりに再度訪れたらどうなっているのだろうと、期待と不安の半ばする思いを胸に抱きながら、T550次直

天津直行ディーゼル列車。前後にディーゼル動力車を配し、中間に二階建て車両を一〇両連結したNZJ2型。今や新幹線に取って代わられた ――――

通列車で北京への帰途についた。
今年の短い夏休みは、かくして天津センチメンタル・ジャーニーで幕を閉じた。

余墨点滴

天津―北京は、この当時、直通特急列車が走っており、所要時間は約七五分。里程は一三七㎞。切符代は二五元（プラス手数料五元）。北京からの列車名がT531、533と奇数番であるのに対し、天津からの列車がT532、534と偶数番。天津発の方が朝の始発は六時四〇分と早く、終電は北京発のT553が二一時まであり、天津の人間が北京へ日帰りで行くのに適していた（実際は、天津機関区の運行の都合だったのだろうが）。
二〇〇七年四月一八日からは、新幹線型の電車（〝動車組《トンチョーツウ》〟）が導入され、列車番号もD531、D532と変更された。所要時間は若干短縮され、七〇分を切るようになった。便数も往復一二便で、北京発と天津発の一番列車も最終も、それぞれほぼ同等となり、北京からも天津からも同じように行き来がしやすくなった。ただし料金は、一等五二元、二等四二元へと値上げされている。

洛陽の落陽

一二月初め、洛陽外国語学院へ出前講義に出かけた。この人民解放軍に所属する外国語大学は、一部〝地方人《ティーファンレン》〟（民間人）も入れるが、多くの学生と教員は軍籍がある。講演会会場の階段教室には、下から上まで軍服姿の〝学員《シュエユアン》〟(学生)が並ぶ。まるで芥川龍之介か内田百閒の心持ちだ。親しくしていただいた教授は、実は将軍で、〝司令《スーリン》〟と皆に呼ばれているのだとか。しかも、私と同年齢の学部長は大佐で師団長級なのだそうだ。

そんな人たちの前で、「敵のいない映画の時代」などという見当外れか、あるいは挑発的な講演をしてみた。話が多くの映画作品に及び、洛陽の「盤価」を高める、というほどの評判にまではならなかったが、少しく刺激は与えられたかと思う。私のような日本人には、軍服、軍人という存在は、極端に馴染みがないので、どうも身構えてしまうが、彼らも、日本学研究センターの大学院生と同様、熱心に日本語、日本文化を探究する学生に変わりはないのだ。

その洛陽で、合間を縫って、市内と近郊の見物に出かけた。その昔、一九八七年に一度訪れたことがあるが、その頃と比べて、特に市内域での遺構発掘が進んでいて、それらを近代的な展示ディスプレーで見せる、その展示法の進展ぶりには驚く。たとえば、二〇〇〇年に完成したという「天子駕六」は、東周時代の六頭立て馬車の遺構だが、その上にそっくり展示館を建てている。市民広場を造成しようと基礎工事で掘ったところ発見されたのだと言う。

なにしろ、紀元前一〇世紀から一〇世紀頃まで、二千年以上の都の歴史がある町だから、掘れば必ず何かが出てきてしまう。しかも、それが到るところで、ごく浅い地層で発見されるのが特徴だとか。

寒い冬の、心細い陽射しの中、昔日の栄華を偲びながら、景陵(北魏の世祖宣武帝の墓)を訪れた頃は、もう夕方近く。その陵墓の西に広がるなだらかな丘陵の畑の遙か向こうに、美しい夕陽が落ちて行く。昔日の王城の町も、今は一地方都市として、いわば落日の町。これが、旭日東昇の都市に変貌することはあるのだろうか、と滄海桑田の移り変わりに思いを馳せた。

余墨点滴

芥川龍之介と内田百閒は、ともに旧日本軍の海軍機関学校の教官（芥川は英語、内田はドイツ語）を務めた。芥川が、大正五（一九一六）年一二月から嘱託教官を務め、その口利きで内田と豊島与志雄（フランス語）が呼ばれたという。同時に勤務した時間は短いはずなのに、二人が同僚として少壮の時期をと

洛陽のクリスマス。世界文化遺産龍門石窟対岸の東山賓館も、今や“聖誕節”ディナーショーで客寄せ ———

もに過ごしたかの印象を抱いていた。しかもそれが、文人の二人には似つかわしくない軍事教育機関であったということと併せ、記憶のどこかに残っていた。その海軍機関学校では、艦上にあることを想定し、講義中も学生は立ったまま受講することが創案されたと、内田が芥川を偲んだ随筆「竹杖記」（もとは、講談社版全集で読んだと思う。現在ちくま文庫『私の「漱石」と「龍之介」』〈一九九三年初版〉で見られる）にある。そんなことが、洛陽外国語学院で、軍服姿の学生たちを前にした時、頭の隅をよぎった。少し期待したのだが、洛陽外国語学院では、〝学員〟は残念ながら全員腰掛けていた。

山東威海

帰国間際の慌ただしい時期に、昨年末引き受けながら大雪で延期となった講演（「師走に走る」参照）に、改めて出かけることとなった。山東省威海市にある山東大学威海分校で「日本文化祭」が開かれるためだ。

威海は、清国海軍の要塞地で、昔は威海衛と呼ばれた。日清戦争の激戦地で、清国北洋艦隊司令部があった劉公島には、現在甲午海戦館という展示館と博物館などが建つ。島へは観光船で一五分。真新しい甲午海戦館は、最新の展示が採用され、北洋艦隊の軍艦（定遠と鎮遠の二艦が中軸）の脇で、司令官の丁汝昌が指示している場面を実物大の人形（蝋人形のような）で示す。軍費を頤和園修築に回したがため、敗戦の原因を作ったとされる西太后も、リアルに再現される。

３Ｄ画面の映画で、日清戦争初期の豊島海戦（朝鮮沖）の模様が演じられ、さながら海戦を観閲するかの感じだ。そして、展示の最後には、小泉総理（当時）の靖国参拝、釣魚島（尖閣諸島）の領有権問題、東（シナ）海での天然ガス開発をめぐる争いの紹介もある。さすがに「愛国主義教育基地」だ。この島は、今でも海軍の管轄下にあるとか。

威海市は、中国国内で最も人間が住むのに適した都市、を標榜する。確かに見事に都市計画され、景観も綺麗に調和され、街路の幅や交通の流れも、よくコントロールされているようだ。加えて、新興都市であることが長所となり、電柱、電線がない。

威海分校（といっても、学生総数一万二千人というから、ＵＣのロサンゼルス校とかバークレー校のように、自立した規模を有する）の上層部は、理想的な環境で学生は勉学に専念できる、と胸を張る。それでも、九月から北京の大学院に進学するという女子学生は、北京はお店がもっとたくさんあるのでしょうね、と羨ましげに私に訊ねる。若いうちは、刺激に富む都会で学び、年長じてからこういう静かで穏やかな街で暮らすのが良いのかも知れないね、と私も応ずる。

おそらく渋滞はなさそうな広～い道路に、クルマの影は少なく、街を歩く人影も、まるでマンションやニュータウンの完成予想図くらいにしか歩いていない。渋滞があろうが、通勤ラッシュがあろうが、人々が凝縮する街にこそ、衝突エネルギーが発生して活力が湧く。

山東大学威海分校。大学招待所の目の前がビーチ ———

北京では老人扱いされることが多い私でさえ、まだまだ渋滞の街の方が恋しいもの。

余墨点滴

山東省威海市は、渤海湾に面する人口約六〇万の都市で、面積は約七七〇㎢。山東半島の突端に位置し、西に煙台市と接し、青島市の東北に位置する。日本では、日清戦争時の威海衛として知られる。一八九八年に英国の租借地となり一九三〇年までこれが続いた。一九九〇年代後半から、主として対岸の韓国との関係を強める中で急速に成長を遂げ、現在も商店の表示等では漢語、英語にハングルが幅をきかせている。

VIII 日本と中国の間——同じような違うような

〝抵制日貨〟

四月の初旬に、私の居住する北京友誼賓館から歩いて十分ほどにある、ちょっとした商店街の双楡樹街に〝日式拉麵店〟が新装開店した。最初に行った際には気づかなかったが、先日再び行ってどのラーメンにしようかとメニューを見て気付いた。アサヒビールの写真の上に〝抵《ティ》制日貨不售《チィリーフォプーショウ》〟(日本商品不買につき取扱中止)」とのシールが貼られていた。同行した副主任氏は、「身近に感じる日本商品排斥運動ですね」と感慨深げ。

そのラーメン屋に、連休の初め、天津留学中のゼミ生が来たので再度食べに行った。天津では日本式ラーメンなんか食べられません、と言うからだ。ところがどうだろう、ほんの一週間ほど前には貼ってあった、あのシールが剥がされている。注文を取りに来た店員に、ことさらこのシールの件を訊ねると、この若いおねえちゃん、キャキャッと笑って、今は品物がないんですと答える。「じゃあ抵制日貨は？」と畳みかけても、フフッと笑うだけ。そうか、品物がないから〝不售《プーショウ》〟（取扱中止）だったわけか。とするると〝抵制日貨〟の方は、単なる枕詞だったのかな？　あるいは、アサヒビールそのものが、全中国的に〝抵制日貨〟の対象になっているのだろうか。これなら納得もいく。聞くところによると、アサヒビールの関係者が、「新しい歴史教科書をつくる会」と関わりがあると目されていたようだから、狙いとして理解できる。

ところで先のラーメン屋さん、シールを貼っていた時も、メニューのそのすぐ隣にはＳＡＫＥ（日本酒）を掲げていた。日本酒って、〝日貨《リーフォ》〟ではなかったのか？　中国では、北京や天津ですでに「日本酒」は生産しているが、日本製でないことがこれだけはっきり露見してもいいくらい、日本酒は定着したのだろうか。

とにかく、アサヒビールが暫くなくても、我々は大して困らない。燕京ビールなんか、「純生」や「ライト」等々豊富な種類があるし、ましてお店で飲む時には、「常温」ですか「冷えた」のですか（ビールは冷えたものと思いこむのは日本人の特性らしい）と訊いてくれるほど、カテゴリーは豊富だ。そして付け加えるなら、私は飲酒はほとんどしない。この程度の

〝抵制日貨〟なら、何ほどのことかあらん、なのだ。

余墨点滴

四月中旬、上海で反日デモが準備された際、呼びかけ組織が、参加者に次の各点を要請した。一、食料飲料水（日本製は不可）を携行すること　二、できるだけ運動靴を履くこと　三、日本製カメラ、ビデオ、携帯電話、録音機等を携帯しないこと　四、署名活動のために筆記具を携帯すること　五、領事館に到着後、石や金属を投擲しない。トマト、卵、小泉（純一郎氏）の張りぼて、ライターの携行が望ましい。六、当日のスローガン、標語は、以下の各項。「日本商品排斥」「歴史教科書の書き換えに抗議」「日本の国連常任理事国入り反対」「日本商品拒否、国産品を支援せよ」等。

正確に言うと、北京のアサヒビールは、中国企業北京啤酒との合弁企業「北京啤酒朝日有限公司」の製品だから、〝日貨〟ではなく〝国貨《クオフオ》〟（国産品）だ。

携帯の電源はＯＮで

六月、「中国電影百周年記念学術研討会」という学会に招かれた。世界的コンテクストの中での中国映画とアジア映画、という点が主テーマで、イギリス、アメリカ等の英語圏の研究者も参会した国際学会だ。最初の二日間は北京大学で行ない、二日目に夜行列車で上海に移動し、一日空けて、再び二日間、今度は上海大学で研究討論のセッションが組まれた。私は、上

上海大学構内。珍しく晴れた夏の夕暮れ時。
北京では見えない入道雲が浮かぶ――――

海の部で「上海派電影と上海電影工業」という分科会に組み入れられ、一九二〇年代初頭の上海で上映された映画がどういう映画なのかとその中国映画への影響力について報告してきた。幸いなことに、今回は大会組織委員会のご招待だったから、参加費はもちろん、アゴ（食費）もアシ（旅費）も免除された。

大会組織委員会から渡された注意事項に目を通していて、おもしろいことに気付いた。曰く、日程表をよく確認して会場を間違えるな、時間厳守、分科会の会場には早めに入れ、会期中はIDタグを胸に下げろ、同時通訳（中国語と英語が公用語）のレシーバーを持ち帰るな等々は当然のところ。中国の学会にはつき物の、食事。これの場所をよく確認して、配布された食券によって食事しろなどというのも、まあ中国的常識、世界的にも当然で、唯一日本的には「埒外《らち》」な事項だ。日本では、食事は普段でもとるものであり、これに公費をつぎ込むのは好ましくないという発想だから、学会やシンポジウムで宴会を設けることは極端に制限される。文部科学省関係でも、自治体などの主催でも、歓迎宴くらいは簡単な軽食程度という条件で認められるが、毎日の食事などはもってのほか、なのだ。

ところが中国では、学会と言えば食事である。食事をともにせずして、何の学会かと言わんばかりに、会期中毎食をともにするのが常識だ。そもそも、シンポジウムというものが古代ギリシャの「饗宴」に発しているということだから、中国のこの学会の食事攻勢は、由緒正しいと言えば正しいものなのだ。食事をとりながら、先ほどのあの報告についてだが……と議論するのは、これは実に楽しく有意義なものになる。

ところで、おもしろいのはこの食事ではない。さらに挙げられた次の注意事項だ。会場では、研究報告の進行を妨げぬよう携帯をマナーモードにせよ、というのは分かる。今や、日本では「常識」だ。だが、そのすぐ下に、会期中携帯等の通信機器をONにし、連絡が取れるようにせよ、との注意書きがあるではないか。確かに、十数か所の部屋に分かれて分科会が行なわれるから、次の報告者がどこかへ行ってしまう、という事態もあり得る。だから、そういう間抜けを呼び出すには、携帯をONにしておいてもらう必要があるだろう。でも、セッションで発表者の携帯が鳴ったりしたら……? たとえマナーモードでも、ブルブルとくるのだし。

果たせるかな、まさか報告者にはいなかったが、携帯がしばしば鳴っていたし、会場のあちこちで慌てて部屋を出て行く姿を目にした。だから、ONにしておけなんて書くから……。

余墨点滴

中国映画百周年の起点は、一般的には一九〇五年北京瑠璃廠の豊泰写真館が、譚鑫培演ずる『定軍山』を撮ったことに求められる。だが、これには口述資料だけで物的証拠がない。この言説を広めたのは程季華編『中国電影発展史』（一九六三年初版）だが、これに掲載されるスチル写真は、はたして映画の一シーンだったのか、単にごひいき筋に配ったり芝居の宣伝に使ったスチル写真だったのか、

四川北路と海寧路角。この両側に1920年代半ば、映画館が2館あった ———

確定根拠が見出せない。このため、中国映画史研究の専門家の間では、一九〇五年説に疑問を呈する動きもある。事実、シンポジウムの期間中、食事を共にしながら、この話題に花が咲いたことも一再ならずあった。

・・・・・・・

北京と東京の間には……

七月下旬、業務のため東京に出張した。朝イチの便で発ったので、東京着がお昼。そのまま自宅に帰り着いてひと休みしてもまだ夕方で、何だか国内出張から帰ったような錯覚に陥る。ところで、滞日一週間の間、それこそ出張なのだから、ほとんど仕事で埋まってしまったが、大学にも短時間ながら顔を出すことができた。そのほか、必要機材調達のため、秋葉原にも出かけたりしたし、いくつかの買い物などに出かけて、我が祖国日本の今を、少しばかり感じることができた。

それは、何だか奇妙な「静謐《せいひつ》」だった。シャツや衣類を買いに行ったショップは、今までより賑わいが乏しいように感じたし、パソコンパーツのお店も、あれもないこれも品切れと、どうも精彩がない。北京の中関村（「盤要嗎?」参照）なんかに行ったら、口が裂けても品切れなどという言葉は吐かない、そんなド根性がありありなのだが、どうも日本のショップは、その辺が淡泊だ。すみません、今それは品切れで……、と平気な顔。明日には必ず入荷しますから、と食い下がる姿勢がないのだ。

一週間の滞在を終えて、再び北京に戻る。空港から、高速を通り三環路に入り、双楡樹の友誼賓館に戻る。あっという間だった。飛行機の中がほぼ三時間。空港に着いてエプロンが空かずに待機させられた時間が三〇分弱。入国手続き、荷物が出るまでの時間を入れても、成田からは四時間で北京の世界に戻った。空港からは、夜でもあったので、三〇分余で帰着。東京と北京の今の生活は、ほぼ四時間半で変換される距離なのだ。

北京に戻り、日曜日、西単に出かけてみたら、やはり〝火爆《フォパオ》〟（炎上）の活気だ。「大廉売！」と大声で、売りまくっている。北京は、二〇〇八年のオリンピックに向けて、今や行け行けどんどんの上り調子。そんな北京と東京の間には、何か大きな「空気」の差があるように感じてしまう。「勢い」と言えるかも知れない。

東京＝日本は、北京に比べると、残念ながら眠たい街に見えてしまう。

余墨点滴

中国人の間では、一つの風説が広がっている。日本の電子機器、電化製品は、A級品は自国内消費に回し、B級品が欧米輸出用、C級品が中国及び東南アジア輸出用、と。デジタルカメラでもMP3音楽プレーヤーでも、みなそうだと信じ込んでいる。実際、売り場を見てみると、モデルが一世代前である場合は、確かにある。これは、まず日本国内で最新式を発表発売し、その後に輸出に回すのだろうから、仕方ないとも言えそうだ。日本のメーカーや商社の方に伺うと、製品をA級、B級、C級に仕分けするなんて、そんな手間暇のかかることしませんとのこと。それでも、中国の一般庶民は、中国に輸入される製品はC級品なのだと、自虐的に思いこむ。そこで、日本へ行く機会があれば、あるいは誰か身近な人が日本へ行くとなると、「オリジナル」の日本製を買いたがる。なぜなら、それは「最新式」でなおかつA級品が並んでいるはずだからだ。

・・・・・・・・・・・

建国門外という外国

七月半ば、用事が重なって、しばしば建国門外へ出かけた。大使館と国際交流基金の北京事務所、そしてそれが主催するレセプションや講演会等々だ。何度か通うと不思議な感覚にとらわれてくる。日本大使館や日本の国際交流基金だから、基本言語は日本語だ。もちろん中国語も併用されている。しかし問題は、どうやら言語にあるのではなさそうだ。

たとえば、午前中から会合に呼ばれ、お昼時を迎える。それではご一緒にお食事でも、となる。ここまでは、日中共通だが、ここから先が異なる。ホテルの和食のお店などに案内されると、それはもう完璧に日本だ。おしぼりの適度な温度や、店内の静けさなど、私が暮らす界隈（西三環北路や双楡樹という西北部）とは、まるで違う世界だ。出るお茶まで焙じ茶ときている。店員が大声で話をしたり、暇な店員が私語をするような光景も見られない。

レセプション会場のホテルでは、実に冷房がよく効き、私には寒いくらいだった。周りを見渡すと、皆さんスーツにネクタイ姿。そうか、これはスーツ温度なのだ。この地区では、夏でもスーツが「常識」なのか。しかも、よく見ると街を歩く人の身なりにも違いがある。女性は、小ぎれいなブラウスにスカート、あるいはスーツ姿。しかも足にはストッキングを穿いている人が多い。男性でも、Tシャツ一枚で歩いているような姿はまれだ。

これは、まるで東京のオフィス街と同じではないか。

建国門外は、やはり門外（つまり旧城外）に違いないが、そこには大使館や中国駐在ビジネスマンのオフィスがひしめく。もちろん日本人だけでなく、世界中のご同類が寄り集まる。私の教え子で、現在この界隈の事務所で働いているYさんに先日会ったが、彼女によると、建国門外のオフィス街では、ランチは三〇元が相場だそうだ。私が暮らす界隈では、一五元から二〇元程度だから、物価の格差も案外大きい。

地勢学的に言えば、日本学研究センターがある西北部の方が良いのだと、中国人スタッフは言う。冬になると西北風が吹くので、風下に当たる東南部は、格が下なのだそうだ。ところが現状としては、風上よりも風下の方が、生活レベル、ファッション、ライフスタイルで「上」を行っている。「水は低きに流れる」と言うが、あるいはお金も風下に流れているのだろうか。

とはいうものの、北京全体、いや中国的な水準からみれば、外国人の私が言うのも変な話だが、建国門外界隈は、やはりちょっと異質で、それこそ「外国」に見える。

余墨点滴

建国門は、北京の旧城壁にあった城門の一つ。旧城壁に元々あった城門とは異なり、日中戦争中に交通の便のために開けられた「啓明門」がその後改称され、現在に到る。現在城門はなく、城壁跡をそのまま環状路にした二環路と天安門前を東西に走る長安街の東端が交叉する位置に当たる。

北京の城門は、「内九外七」と称されるとおり、旧内城には九つの門、旧外城には七つの門があった。それぞれ、現在は地下鉄の駅名や地名に残るだけとなっている。正陽門（現存）、崇文門、宣武門、朝陽門、阜成門、東直門、西直門、安定門（以上残存せず）、徳勝門（現存）が内城の九門。永定門、広安門、東便門、西便門（いずれも残存せず）等が、外城の七門。和平門、復興門、建国門（いずれも残存せず）は、これには属さず、現代城門と称される。

National Day、もしくはハタ日

今日は、一〇月一日、中華人民共和国の建国記念日「国慶節」だ。国慶節は、一九九九年以来、一日を中心に近隣の土日を合わせて連休とする。今年は、一日が土曜日なので、そのまま翌週の日曜日まで九連休となった。

もちろん、ただお休みになるだけではなく、それはきちんと「国慶」行事も行なわれる。国家級の行事から、各機関、組織でそれぞれにいろいろ「お祝い」の行事が行なわれる。私たち

国慶節の夜、ライトアップされた天安門 ――――

〝専家《チュアンチア》〟(専門家)は、こういう時に国家専家局という役所からお招きを受ける。五月のメーデー連休の時も招待を受けたが、今回も中山公園音楽堂で「文芸晩会」と題する中国京劇院によるガラ・コンサートに招かれた。さらに、日本学研究センターが行政上所属する、北京外国語大学からも夕食会のご招待を受けた。もちろん、「国慶」行事の一環だ。

ところで、この「国慶節」は、ナショナル・アイデンティファイの日ということになるだろう。中華人民共和国の建国の日時は、疑いがないほど極めて人為的に定められている。したがって、その記念日も疑いを入れる余地がない。そして、その人為性は、いわば契約関係のようなものだから、毎年この日には、契約更新とまでは言わずとも、思いを新たにし、この国と契約するかしないかを確認する儀式が必要になる。各機関や組織で毎年国慶節を祝うということは、実はそういう意味が託されているはずだ。

昨晩と今晩、天安門に出かけて、その夜景を見てきた。実におびただしい人々がライト・アップされた、このシンボリックなスポットを散策して楽しんでいた。彼らが、この記念日の意味を承認した上で楽しんでいるのかどうか、それは分からない。とにかく、のどかな秋の夜の散策風景ではあった。この機にとばかりに、一個一元の小さな紙製の国旗を売る兄ちゃんやおばちゃんが大勢出ていて、ほとんど「秋祭り」の「乗り」と感じさせるところもあった。

これに対して、このところ、商店やショッピング・センター、会社などで、この休日の期間に五星紅旗を掲揚するところが出てきているが、このことをあるシンボリックな意味、つまり高まりつつある「愛国主義」の明確な意思表示と読みとるのは、見当外れに過ぎるだろうか。単に「ハタ日」として、お祭り的な「乗り」で、天安門前のおばちゃんたちと同一ならば、それはそれで微笑ましいのだが……。

——国慶節当日

余墨点滴

春のメーデー連休と秋の国慶節連休については、祝祭日本来の意義が薄れているとの意見が、従来から絶えなかった。二〇〇七年一二月一六日に中国国務院は『伝統的祝祭日と記念日に関する休暇規定』を発布し、二〇〇八年から、先祖を祭る清明節や、端午の節句、中秋節、旧正月の大晦日などを国の法定休日に指定した。これに伴う措置として、メーデーの〝黄金周《ホアンチンチョウ》〟の大型連休をやめ、メーデー休日は三日間から一日に短縮するとしている。ただし、国慶節の連休は従来通りのようだから、National Day として別格の扱いなのかも知れない。過去七年間、大型連休を享受してきた生活様式が、はたしてすんなり変更できるのだろうか。

北京の韓流パワー

ここ数年、北京でも韓流攻勢がめざましいと言われる。焼き肉屋の出店はもとより、タクシーも韓国産〝現代《シエンタイ》〟が採用され、今や北京の街中は、日本車よりも韓国車の天下（「タクシードライバー」参照）。それまでの古く、もう廃車寸前と思しき〝夏麗《シアリー》〟（シャレード）より遙かに乗り心地が良い。去年三月末に北京に来て以来、見る見るうちに台数を伸ばし、今では四割～五割くらいの割合で〝現代〟のタクシーが走り回っている。

韓国文化も、着実に浸透しつつある。『冬のソナタ』ばかりか『大長今（チャングムの誓い）』も、すでにDVDが全集で出ているし、DVD店では韓流ドラマ専用の棚が幅を利かせている。

先日、社会科学院の「東アジアの歴史記憶と経験共同体」というシンポジウム（「師走に走る」参照）で出会った韓国文化推進の仕掛け人は、韓国語訛りの中国語で、中国への韓流ソフトの浸透を熱っぽく語っていた。

先週の金曜日、その韓国の音楽劇『乱打料理王』を聴いてきた。日本の鬼太鼓（おんでこ）のように、大太鼓を主とした韓国太鼓の地に響き渡る波動を体感させる演奏なのだが、これがストーリー仕立てになっている。料理人三人のところへ支配人の甥が加わり、四人で婚礼宴の料理を調える。この間に、厨房のあらゆる器具を太鼓代わりにして、多彩なリズム溢れるパーカッション演奏と観客を巻き込んでの手拍子やギャグでつなぐ。

フィナーレは、実は名手であった支配人の太鼓の熱演を中心とした、五人の太鼓連打。会場は、躍動するリズムと身体に響き渡る鼓動とで、もう興奮の極致。拍手と歓声が惜しみなく舞台に注がれ、中国の聴衆が、これほど熱狂して演奏に同化するものかと驚かされるほど。

ところでこの公演、世界中で五千ステージも上演されてきたそうで、しかも今回のプロモートには百老匯（ブロードウェイ）亜洲有限公司が入る。しかも、スポンサーとして、北京で焼き肉を中心にマッサージ、ホテルまで手広く展開する「権金城」グループがつき、S席チケット購入者には焼き肉券がサービスされる。太鼓で痺れて、疲れたら焼き肉でもう一度ということか。

コリアン・パワー、今や北京ではジャパン・パワーを凌駕する。しかも、それが組織的に、連携して行なわれているところが恐れ入るところだ。

余墨点滴

三月中旬に日本の流山児《りゅうざんじ》事務所が、北京公演にやってきた。積水譚の解放軍歌劇場で行なわれた公演には、社会科学院の知り合いの日本文化研究者らも来ていて、日本の小劇場演劇のエネルギーに、それぞれ感銘を受けた旨語っていた。日本小劇場界の横断的活動を目指すこの劇団、中国小劇場系が口先だけで芝居を演じたつもりになっていることに対して、根底から揺り動かすだけの訓練と技倆を備えている。日本の国際交流基金北京事務所も後援していたが、残念ながら北京中の日本食店を「組織」して、日本食フェアのような動きにまではいたらなかった。流山児事務所のお芝居を観た方から、抽選で五〇名に北京市内の日本食店でのお食事サービス券進呈、なんてあっても良いのではないか。韓国は、要するにこういう連携をきちんととって、なお一層韓流ブームを増幅させているのだから。

〝春節回家，参加会議〟

中国では、新暦の新年は、ただの連休で、特に行事のようなものはない。その代わり、旧暦の正月、春節は盛大に休む。日本学研究センターでも、一月半ばには授業が終わり、学生たちは早速帰省する。今学期の講義のレポート提出締切を大晦日と告示したら、学生から大顰蹙《ひんしゅく》をかった。もっと早めてください、と。

大学街の食堂などは、がらっと客足が落ちた感じだが、街中のデパートやスーパーでは、一月初旬あたりから、早々と正月用贈答品などを揃え、その歳末商戦に客が押し寄せる。〝春節《チュンチェ》回家《ホイチア》・金六福酒《チンリウフーチウ》〟（春節帰省に金六福酒）という酒の広告文句が、単純明快で実に訴求力を持ってくる。

ところで、その盛大に休めるはずの中国のお正月、春節は、もちろん日本では休みではない。よりによってそういう日に、国際交流基金では、次学期の派遣教授への説明会を開く。私は、東京の赤坂に呼び出され、会議に出席と相成った。

日本が休みの年末年始の間は北京で、北京がようやく休みになる春節に、東京で働くこととなり、どちらでも「お正月」に巡り会えない羽目にいたってしまった。

正月も過ぎ、着々と新しい年を開始している東京に帰着し、街を歩いていると、もはや正月は確実に過ぎたことが感じられる。その東京で、今頃北京は春節の賑わいかな、と遠く思いを馳せるしかない。

これで北京に戻ると、向こうもすでにお正月気分は終わり、また新たな一年がスタートしてしまっていることだろう。どこの家でも家族一緒に祝う正月に見捨てられた、〝空巣老人《コンチャオラオレン》〟（泥棒ではなく、子どもたちが巣立って一人暮らしとなった老人）、といった趣だ。

北京と東京、空間的にも社会生活的にも、もはや大きな差はなく、その距離は確実に狭まったと思われるのだが、こうして正月が食い違うことを見ると、そこにはまだ生活習慣上の隔たりが確実に残ることに気が付く。

普段、正月を大してありがたく祝いはしないのだが、どちらでも関与できないとなると、何だか区切りが見出せず、落ち着きが悪い。私の正月はどこへ行ったのだろう?

——春節

余墨点滴

私が居住した北京友誼賓館のアパートでは、長期滞在者に一年に二回プレゼントが届く。一回は、その住人の誕生日。この時は、立派な花束だ。もう一回は、春節。果物の盛り籠と山のようなナッツの詰め合わせだ。春節にナッツ(〝果子《クオツ》〟)を送ることには、習俗的な意味がある。「子(果子)」が多く栄えよ、との寓意が託されているわけだ。ただし、その量たるや半端ではない。A2型大の手提げ袋一杯に、各種ナッツの大型詰め合わせが、六本ほど。どちらも一人暮らしにはとても消費できる量ではないが、特に生ものの果物は困る。仕方ないから、こういう使い方も許されようと勝手に判断して、友人の家に招かれた際、手みやげとしてしまった。この他、クリスマスにはパーティーが開かれ、食事と音楽のサービスがあった。これは、なかなかありがたかった。

IX
夜生活——Night Life in Beijing

夜生活

北京生活も半年を過ぎ、そろそろ夜遊びに傾き始めた。そういえば、秋の夜長。日が沈んでも、いつまでも暑かった七月や八月とは異なり、夜の街へ繰り出すのも足取りは軽快だ。

で、どこへ行くのか？　そう、夜と言えば、お芝居なのだ。そもそもは、八月末に北京に来た我が愛弟子が、滞在中に見に行きたいのでチケットを買っておいてくれと、生意気にも指令して来たのがきっかけ。以前に教えてもらっていた「〝中国票務網《チュンクオピアオウーワン》〟／略称：票.com」という、ネット上のチケット販売サイトに注文してみた。すると、これが実に便利。日本のチケットピアなどは、何度電話しても一向に繋がらないことが普通。だがここは、電話はすぐつながり、しかも翌日には自宅まで無料でお届け、と至れり尽くせり。もちろん、四環路以内しか無料配達しないとか、ネット決済は中国系銀行クレジットカードしか使えない等の制約もある。

私の場合、昼間は月曜日から金曜日まで出勤しているので、代金引換での受け取りが困るところだが、これも、我が北京友誼賓館の〝公寓《コンユィ》〟（アパート）にはフロントという便利なところがある。ここにお金を預け、〝中国票務網〟が届けてきたらチケットを受け取ってくれと、服務員に頼んでおけばよい。

またしても、我が弟子に新しい世界を教わった形だが、便利なものは便利だから、まあよろしい。再び我が弟子によると、このネットチケット・サイトは、メジャーだけでマイナーな小劇場などはカバーしていないとか。その後も、ちょくちょくサイトを見ては、次は何を見に行こうかと、楽しみに眺めている。ただし、最近の芝居のチケットは、かなり値が上がっていて、最低でも一五〇〇元くらいは見込んでいないといけない。さすがに毎晩二〇〇元や三〇〇元の出費は厳しい。でも、土日くらいなら、まあなんとか……。

開演は、夜七時半。今晩は首都体育館で崔健のコンサートだ。

余墨点滴

〝中国票務網〟等のネット上のチケット販売は、座席を選べないことが難点だった。そこで、私はその後、ネット上で上演の情報を入手した上で、直接首都劇場なり保利劇院なりへ出向き、好みの位置の座席を指定して購入していた。または、デパートのプレイガイドはオンライン（といってもダイアルアップで、発券時だけ接続する）なので、そこで座席を指定して購入したものだ。ところが、その後ネット上のチケット販売も、座席の指定ができるようになったとか。まさに、「日新月異」の進展だ。

•••••••••••

北京の夜はオン・ビート

週末に崔健のコンサートに出かけた。リサイタルは一二年ぶりで、曲の間のトークでも、盛んにそのことに触れていた。一九九三年、崔健はこの首都体育館で初めて公開のコンサートが許されたのだが、その時のテーマは「紅旗下的蛋」（赤旗の下のガキ）。そして今回は「陽光下的夢」。一二年間に崔健を取り巻く音楽シーンも、社会状況も大きく変化した。ロックが反政府のシンボルとして取り締まりの対象になることは、今はもうほとんどない（ただしコンサート当日の警備は、ガードマンだけでなく公安当局も相当数動員されていた）。

その演奏会、若者だけでなく中年層も相当来ていた。私の隣の席の男性など、一見してその場とは不釣り合いなインテリ風の中年（自分のことを棚に上げて言うのも何だが）。演奏が始まっても、黙って聴いているだけ。ところが、自分も知っている曲になると、さながら昔取った杵柄と言わんばかりに一緒に口ずさみ、最後には立ち上がって腕を高く掲げて声をあげていた。

ところで、この会場を見渡して、ちょっと違うんだけどな〜と感じた。それは、年齢層とか社会階層ということではなく、彼らの「乗り方」だ。中年、高年はもちろん、若者も、どこか「乗り方」が合わないのだ。私の前の席に陣取った三人組のお兄さんたちは、崔健ファンお約束の赤い布を腕に巻き、解放軍式の緑の帽子をかぶり、席に着いたその時から「乗る」気がムンムン。ところが、この若者、キョンシーみたいに上下にピョンピョン跳ね上がるのだが、今ひとつリズムに乗れていない。時に両腕を高く掲げ、人差し指を突き出したりもするのだが、どこか違う。崔健が、聴衆に「さあ一緒に！」という具合に、両手を高く掲げてリズムを取るよう求めるところで、その理由が分かった。オフ・ビートでないのだ。ジャズやロックのリズムの基本が、身体に染みついていない。強拍でなく、一拍おいて「パッ」と行く、あのリズムに乗っていないのだ。中にはちゃんとリズムを取れている若い娘もいるが、圧倒的多数は、何となく身体を上下左右に揺すっているだけで、リズムに乗っていない。

〝揺滾《ヤオクエン》〟（ロック）が公に演奏会を開けるようになって、まだ一五年ほど。かつて非合法の崔健のリサイタルに熱狂した世代も、今や中年の域に入ってきた。しかし、ロックのリズムが中国に広く浸透するまでには、もう二世代くらいオフ・ビートの音楽体験の蓄積が必要ではないか。中国の安室奈美恵が次々と輩出されるには、いま少し時間がかかりそうだ……。

余墨点滴

崔健（一九六一〜）は、中国八〇年代に起こった〝揺滾《ヤオクエン》〟の第一世代を代表するミュージシャン。当初は、『一無所有（俺には何もない）』や『一塊紅布（赤い布きれ）』等の曲が、反骨精神の象徴のように見なされ、民主化運動を進める若者に絶大な支持を得たため、公安当局から規制されることが多かった。

コンサート終了後、何となく火照った頭と体内の興奮をさましながら、住居の北京友誼賓館まで歩いた。場内で買った蛍光スティックを手にして、私は体中に響く崔健ロックのリズムに合わせてそれを上下左右に振り続けていた。すると向こうから警察のパトカーが来る。助手席の警官が、不審そうにこちらを伺う様子が分かったので、慌てて蛍光スティックを収めた。友誼賓館に帰り着くと、当直番をしていた服務員の崔くんが早速訊ねる。コンサートどうだった、と。もちろん、聴衆の乗り、崔健の歌唱、音の響き等を、私が得々として語ったことは言うまでもない。

秘戯図

昨日の晩、ふと思い立って、近くの国家図書館の音楽堂に行ってコンサートを聴いた。題して「秘戯図 Hidden Game」。モンゴル族の作曲家、呂佳佳が自らピアノを弾き、打楽器とチェロ、琵琶、そしてシンセサイザーによる現代音楽だ。

広告には、「目を閉じて聴く音楽会」と謳うが、果たして舞台上は、明かりを落とし、演奏者の譜面台だけスタンドで照明が当たるようにセットする。メロディーが美しいとか、アンサンブルが心地よいという類の音楽ではない。ピアノとシンセサイザー、そしてチェロが協奏する曲や、打楽器が響き渡る一方、単調なリズムを刻むピアノとコラボレーションする、そして間には琵琶が爪弾かれる、そんな曲が続く。

現代音楽と聞いて連想するような不協和音や、流れを断ち切り、聴衆を異化するような音を繰り出す要素は少ない。いわば、瞑想の世界に誘う、そんな音の綾織りを聴かせる。しかも、それぞれ手練れの演奏者の音は、確信に満ち、力強い。

これに対し、前座として「友情出演」した弦楽アンサンブルは、可哀想だった。モーツァルトのアイネ・クライネ・ナハト・ムジークを弦楽四重奏で演奏し

国家図書館。“書虫”（本の虫）にとっては殿堂。あいにく私は音楽堂の方が性に合った。音楽堂は正面右手 ———

たが、実に自信なげで、聴いている方がハラハラする。音楽院の学生なのか、大学院生くらいなのか、詳細は紹介されなかったが、とにかく弱々しい。主旋律を弾くバイオリンが、ひたすら小ぎれいにメロディーを奏でることにだけ気を向けているので、第二バイオリンもビオラもチェロも、それに合わせて全体が何となく音を出しているだけの、気迫のない演奏となってしまっていた。「友情出演」で、出させてもらったのか、出てあげたのか、首を傾げる。

これに対し、やはり格段の違いがあったのが、呂佳佳たちの演奏だった。いささかシンセサイザーに頼りすぎの傾向もなくはないが、堂々たる演奏で、北京でもこうした現代音楽の試みが健在であることを示していた。

北京が、古いだけの街でないことが分かって、何となく嬉しい思いで、ずいぶん冷たくなった夜気にあたりながら帰途に就いた。

余墨点滴

国家図書館前にバス停があり、その名も〝国家図書館《クオチアトゥーシュークアン》〟と言う。だが、バスの車掌が停留所名を告知する際、ほとんどの場合〝北図兒《ベイトゥール》〟と呼称する。〝兒〟を付けて言うのは、北京人の口癖、ないしは「優越意識」みたいなものだから仕方がない。中関村さえ〝中関村兒《チュンクアンツァル》〟と「兒《アル》化」して言う車掌もいた。それは我慢するとして、なぜ〝北図〟なのか。これは、この図書館が、以前は〝北京図書館〟と称していたからだ。しかも、北京人は、これまた性癖として縮めて言う。タクシーで、〝北京外国語大学《ベイチンワイクオユィターシュエ》〟と目的地を告げたとき、運転手がなかなか得心しない。

そこで、〝北外《ペイワイ》〟と言い直すと、運転手はやおらにっこり頷き、早速その方角に道を取り出した。縮約と〝兒〟を付加すること、これが北京人に合わせるコツらしい。それにしても、すでに改称されたのだから、せめて〝国図兒《クオトウール》〟にして欲しいものだ。

・・・・・・・

北京でブロードウェイ

北京の新年は、多少祝日めいてきたというものの、やはり三一日と一日、二日、三日がお休みなだけ。もっとも、私の勤める北京日本学研究センターは、三日から出勤という具合で、必ずしも三が日が休みと決まっているわけでもなさそう。

息子が年末に来たので、元日には、天安門広場に初日の出ならぬ「初昇旗」を、夜明け前から見に行った。毎日日の出時刻に昇旗し、日没に降納するのだが、ここ数年、観光化され始めているらしく、大型観光バスが駐車し、天安門の東側の観覧席には、観光客らしい人たちが陣取っていた。

三日は午後から日本学研究センターへ出勤。しかし、いくら中国にいるとはいえ、これではあまりに素っ気ないと憤懣のはけ口をさがしていたら、ふと思い出した。西直門外大街にある展覧館劇場でブロードウェイ・ミュージカル『レント（中国題「吉屋出租」）』を、オリジナルキャストでやっている。そうだ、ミュージカルだ。

そのパワフルな歌唱とリズム感、テンポの良さは、身体で聞くという感じを思い出させてくれる。今回のアジア公演のために抜擢された莫文蔚（ミミ役）が、かえって一番精彩がないくらいで、他のキャストは皆フルパワー。第二幕の冒頭やフィナーレで、コーラスラインがきれいに揃うところなど、やっぱりブロードウェイだと感じさせる。当日は、今冬一番の寒さで、夜は零下九度まで下がったが、そんな外の寒さを吹き飛ばす熱気と魅力に溢れた舞台だった。

ところが、中国人の聴衆の反応は、ちょっと違う。第一幕が終わった幕間、ぞろぞろと帰る客が続く。ざっと見渡したところ、二、三割が帰ってしまった様子。歌は詞だと思い込む習性が強い中国

風がないと寒くない。だが旗はなびかない。みなカメラ付き携帯かデジカメで、昇旗の瞬間を狙う ―――

人にとって、英語の歌詞が聞き取れない、字幕翻訳の映示が読みにくい等の要因が、マイナスに働いたのかも知れない。はたまた、音楽がまるで耳に合わなかったのか。

それにしても、最廉価で一〇〇元、最高は九八〇元というチケット。私など、清水の舞台から飛び降りる覚悟で三八〇元を買ったのに、周囲はガラガラ。これよりもっと高い席でも平気で中座する人たちが、この北京には大勢いることに、正月早々意表をつかれた思いだった。

余墨点滴

天安門広場の国旗掲揚と降納は、日の出時刻と日没時刻に行なうため、毎日時刻が変動する。見学に行く前に、新聞に掲載される「昇旗時刻」「降旗時刻」を確認する必要がある。元旦、春節、メーデー、国慶節と毎月の一日、一一日、二一日は、三八人の武装警察警護隊による儀式と、六二名からなる軍楽隊による生演奏で、掲揚式のフルバージョンが行なわれる。その他の日は、簡略式で演奏も録音によるもの。一九九一年のメーデーから正式に実施されている。元旦の日の出時刻は、例年七時半過ぎと、相当遅い（「0±2」参照）。この年は、幸い風もなく穏やかな日だった。ただしその代償として、「五星紅旗、風を受けてはためく」との歌詞を持つ伴奏曲を生演奏で聴きながら、情けなくだらっと垂れたままの五星紅旗を拝観することとなった。

北京の中心で愛を叫べ

北京の中心部、王府井の東側に東方新天地というショッピング・ビルができて四年ほどになる。海外の有名ブランドが店を並べ、地下には最新設備の映画館も備え、王府井再開発の最先端を走っている。

このビルの、一番東端に〝国話大廈《クオホワターシャー》〟という小さなビルがある。国語の学会や役所が所有するわけではなく、〝国話〟とは〝国家話劇院《クオチアホワチュィユアン》〟のことで、この組織が所有するビルだ。〝国家話劇院〟は、以前は中央実験話劇院と称した劇団と中国青年芸術劇院とが合併再編した国立劇団だ。この劇団が所有するビルなので、その三階には当然のように小劇場が設置されている。名前は、東方先鋒劇場。

ここで、バレンタインデー(中国語では〝情人節《チンレンチエ》〟)企画として『我愛愛情《ウォアイアイチン》』という新作が上演された。一時帰国で、しっかり義理チョコを徴収してきた私としても、これは行ってみないわけにいかない。「愛情哲学劇」と銘打つが、要するに純粋愛を問う青臭い小劇場系芝居。不確かで色あせた二人の愛を取り戻す道が、心中以外にないのだから、『愛と誠』よりも古色蒼然だ。それでも、抽象的愛など存在しないというのが、建国以来三〇年以上「国是」であり続けたこの国。一方、実社会では不倫や婚外恋愛が氾濫する。こうした恋愛環境の中、愛の観念、愛の形の再構築を模索する上で、「純粋愛」を探究しようと劇作家、演出家が意気込む、その意欲は理解できる。だが、それがバレンタインデーで、二人でお芝居をというカップルに適当かどうかは疑問が残る。愛に酔いたがっている場では、高らかに愛の勝利でも謳い上げてやる方が、観客は満足するだろう。劇場はほぼ満席だったが、観客席からは、ため息が聞こえ

北京の中心、王府井大街の真ん中。カソリック教会東堂（王府井天主堂）で婚礼写真を取るカップル ———

るほどだった。

舞台がはねて、もうだいぶ暖かくなった王府井の通りをそぞろ歩くと、そこはまさにプレゼントの花束を抱えたカップルの天下。クリスマスイブだろうが、バレンタインだろうが、口実は何でもいい。とにかく、二人で愛を温める機会に利用する、そういう人々の貪欲さが社会を健全にするのだろう。

北京の中心で愛を叫べ、若者たちよ！

余墨点滴

中央戯劇学院という演劇専門の大学が北京の旧城内、鼓楼の東側の〝胡同《フートン》〟（小路）の中にある。この大学には実験劇場が設置され、時々、卒業公演等と銘打って公開公演を行なう。たまたま別の用事で通りかかった際、『図蘭朶』との演目の広告が出ていた。何だか分からないが、とにかく前売り券を買って、何日後かに見に行った。内容は、「トゥーランドット Turandot」だった。一九九八年に、張芸謀演出、ズビン・メータ指揮により故宮で上演された際の題名表記は『杜蘭朵』だったが、これとは演出は異なり、時代設定を明代に置かず、場所も中国でもどこでもない、架空の国。もちろん歌劇ではなく、〝話《ホワ》劇《チュイ》〟（新劇）版だ。上演は、プッチーニ版に基づき、王子がトゥーランドット姫に熱い愛の心を目覚めさせることに主眼を置き、愛がすべての人を解き放つと、高らかに謳い上げるものとなっていた。まっとうな大人なら、気恥ずかしくなるほどだが、バレンタインには、こんな芝居がふさわしいのではと、思い起こした。

——恋するチューサン階級

しばらく北京で小劇場系の芝居を見てきたが、それが追い求めるテーマが、少し見えてきた。

婚外恋愛、不倫、愛の蹉跌《さてつ》、愛の不確かさに対する戸惑い、ざっとこんなところだ。今年最初の人民芸術劇院の企画として一月下旬に上演された『性情男女《シンチンナンニュイ》』（脚本徐坤、演出任鳴、出演谷智鑫）も、春節明けの『情人《チンレン》』（脚本ハロルド・ピンター、演出徐昂）も、いずれも三〇代の夫婦の愛の崩壊を基盤とする。ハロルド・ピンターはすでに馴染みの作品だが、『性情男女』は、離婚した妻と現在の妻との間で、満たされぬ愛に苛立つ男の揺れる心が映される。一昨年の春に観た『合同婚姻《ホートンフンイン》（契約結婚）』（その後再演）も、はやり愛が確かめられない男女の隙間を描いたものだったから、この傾向は、すでに数年の間続いていると言えそうだ。

一方、昨秋から大ヒットを続け、続編まで生んだ『自我感覚良好《ツーウォカンチュエリアンハオ》（気分は良好）』（脚本戴鵬飛、演出李欣磬）『今年過節不収礼《チンニエンクオチエプーショウリー》（今年はご祝儀ご免）』（同）は、軽妙なことば遊びで包みつつ、若者のすれ違う愛を問いかける。果然の「小説戯曲」と称する『門背後《メンペイホウ》』『晃晃《ホワンホワン》悠悠《ヨウヨウ》』も、青年男女の移ろう愛の不確かさを素描する。

文革終了まで、愛は必ず階級性を帯びるものであり、恋愛、特に絶対愛などを描くことは御法度とみなされ、それを真っ正直に信じ込んできた。そういう恋愛観の中で育った世代が、すでに中年から初老に到っている。今や、生活はそこそこの水準となった。だが、自分の青春と恋愛経歴を振り返った時、広大な不毛しかないことに気付いた。一方の、若い世代も、外国のラブストーリーや祖父母世代に「自由恋愛」があったらしいとは認識するが、もっと身近な親や先輩世代に成功モデルは見出せない。

「恋」を求めて彷徨する恋愛不毛の観衆を前に、愛の勝利だとか愛にすべてを捧げて悔いない、といった芝居が受け入れられるわけもない。特に、中年以降の「大人の恋」が、共通観念として許容されていないのが、愛情劇に不毛感を増幅する。そしてこれこそ、生活にゆとりが出てきたものの、自分の愛情生活に確信が持てない、現在の北京の中流階層の今日的表象だろう。

豊かな愛を知るものにしか、愛の女神は微笑まない。恋するチューサン階級は、北京の舞台で飛翔できるのだろうか。

余墨点滴

北京の街角は、いたるところに広告看板が立つ。バス停にベンチと屋根を設ける代わりに、背後に衝立をこしらえ、そこが広告掲示場所となる。もちろん裏表。その他、中関村南大街のように、主道と側道を備える通りには（「通りが広い！」参照）、その境目の分離帯にも歩道にも広告板が立つ。その広告を、〝戸外広告《フーワイクアンカオ》〟とか〝戸外《フーワイ》伝媒《チュアンメイ》〟等と呼ぶ。これには、もちろん専門の会社があり、さ

戸外媒体。鮮やかな写真仕様の広告が通りに林立する ———

らにはビル壁面、駅構内、地下鉄通路のみならず、バスやタクシーの広告を扱う会社もある。日本のバスと同様、アクリルフィルムにプリントした広告を貼り付ける方式だ。『自我感覚良好』は、北京中のこうした路上の固定広告媒体に一斉に広告を出し、舞台の前宣伝に革命を起こしたと言われた。

X

温もりと安らぎ——身も心もホッと一息

幕間には珈琲を、はねた後には……

首都劇場は、人民共和国を代表する国立の新劇劇場だ。北京のど真ん中、王府井大街にあるが、最新の大劇場に比べると、収容観客数もさほど多くなく、エントランスやロビーもいささか手狭な感じだ。だが、吹き抜けのロビーなど、往年の社会主義時代の重厚な風格を漂わせ、幕間にちょっと休憩するにも、雰囲気がある。二階には「戯劇珈琲庁」が設けられ、一階ロビー脇に「戯劇書店」を開くなど、多角経営にも努めている。そのロビーに、先日発見したのだが、コーヒー・サービスが出るようになった。マドレーヌとセットで一〇元。もちろん観客

北京の一等地、王府井大街に構える北京首都劇場 ――――

席への持ち込みは禁じているが、幕間の一五分の休憩に、ちょっと一息つくのにうってつけだ。

　先日、久々に大劇場でレパートリー演目の『雷雨』を見た。実に緊張感ある上演で、寸分のたるみもない間合いには、ぞくぞくさせられた。小劇場や実験劇等、新たな試みが芝居の上演を豊かにしていることは事実だ。だが、こういうオーソドックスなリアリズム演劇をルーティンとして演じてくれるのも、何か落ち着きを感じさせてくれて良い。

　今晩も、北京人民芸術劇院の十八番の『茶館』を見てきた。今や北京人民芸術劇院（人芸）の座頭格の濮存昕が常四爺を演じている。主人公の王利発は、ちょっと松村邦洋似の太めの梁冠華だ。

先代の、于是之らの「定番」といえる舞台を見てはいるが、今回は、この演出を踏まえながら、さすがに若いキャストで切れ味が良かった。

舞台がはねるのは一〇時から一〇時半。終演後というのはいつもそうだが、何だかそのまま家に帰って日常に回帰するのがもったいない。幸い、まだ夜でも寒いというほどではない。今晩は、夕方からあいにくの小雨だったが、舞台がはねる頃には雨も上がっていた。ちょっと遠回りして、ブラブラ歩きながらお芝居の余韻を楽しみたい。こういう時、気心の知れた仲間と印象を語り合うのも良いが、一人で今見てきたお芝居を反芻しながら、火照った胸に夜気を一杯吸い込むのも気持ちよい。

北京は、いま秋が足早に駆け抜けている。

余墨点滴

『雷雨』は曹禺の劇作。『茶館』は、老舎の劇作。二人とも北京人芸とは縁が深い。曹禺は、同院の院長を務めた。劇作家曹禺の作品の中、中国の演劇史では、処女作の『雷雨』より、次の『日出』(「天津 On My Mind」参照)の方が、社会性も盛り込まれ円熟した作品と評価が高い。だが、上演としては『雷雨』の方が頻繁だ。なお、曹禺の代表作としては、この後の一九四〇年に重慶で執筆された『北京人』こそが、内省的探究に向かい格段の文学性と完成度を見せ、第一に押すべきだ。専門家の間では賛同者も多いが、他の領域や世間一般では、まだ勢力を得るに到っていない。

首都劇場で芝居を見る時、よく利用したのが、その二軒ほど南にある「金帆音楽庁」の地下にある洋食レストランだ。最初は、何気なく入り注文したところ、思いの外料理の出るのが早く（支配人が、気を利かせてくれた）、大いに気に入った。ここでは、グラタンとかサンドイッチ、ピラフ等の早くできるものを注文することが多かったが、もう一品注文することで覚えたのが〝羅宋湯《ルオソンタン》〟だ。ルソン＝フィリピン系かと思いきや、これはボルシチだった。〝羅宋〟はロシアの、変形した音訳だったのだ（上海から伝わったと言う）。

帽子

さすがに一〇月も末になると、朝晩はめっきり冷え込むようになった。昼間の陽射しがある時はコートは要らないが、朝晩は、天気予報によると最低気温が二度とか三度とかで、結構肌寒い。衣服を着ている部分は、特にどうということはないが、表に露出するところ、手とか顔には、ピシッと冷気を感じる。そして、最大の要害である頭の頂点。

我が愛弟子も、冬の必需品ですよとわざわざメールで忠告してきたくらいで、北京では確かに帽子があると良いかなと、気持ちが動いた。そこで、王府井にある老舗帽子専門店「盛錫《ションシー》福《フー》」に出かけた。ソフト、ハンチング、ベレー、そしていわゆる工人帽等々、実にいろいろタイプがある。工人帽系は、どれも同じものかと考えていたら、これがまるで違う。頭頂部がもっこりして周辺部にマチを持たせたものから、周恩来が考案したと言う頂上部が平らな丸いスタイル等々ある。そして素材まで含めると、実に数えきれないほどの品種だ。

年代的にも、幾多の変遷がある。五〇年代様式、八〇年代に李瑞環が考案した毛皮の帽子とか、江沢民が愛用して広まったフェルトのソフト帽などもある。帽子専門店だけあって、およそ帽子といえるもので、ないものはないかのようだ。こうなると、はっきり標的を絞ってきたわけではないので、大いにたじろぐ。

いくつか被って試していると、さすがに老舗の老店員。こちらの好みを素早く見抜く。これなどどうですかと勧められたのは、ベレー帽とハンチングを合体させたようなスタイル。ハンチングの頂部がもっこりふくらみ、フェルトの素材感がなだらかな稜線を作る。横に被ると兵士のベレー帽のような形になる。色は、黒、紺、グレー、ベージュ……と各種取り揃えるが、その中で私が選んだのはモカ・ブラウン。これで決まりだ。

これから寒くなっても、もう心配は要らない。

余墨点滴

盛錫福は、一九一一年開業。発祥は天津で、もとは麦わら帽子製造業。その店名は、開業者劉錫三（一八八五―一九六九）のその名前と幼名の来福に由来する。一九二〇年代から、西単や前門等北京にも出店。現在の王府井の地に店を構えたのは、一九三六年から。入り口にかかる店名の扁額は、呉佩孚（一八七四年―一九三九年。北洋軍閥直隷派の領袖）の題字と言う。こうした洋物は、やはり天津が起源なのだなと納得する。私が購入した帽子は、その後確認してみると、〝氈前進帽《チャンチエンチンマオ》〟という名称、型式であるらしい。〝氈〟が素材のフェルトを、〝前進帽〟がそのスタイル、型式を表す。

バベットの晩餐

先日、本務校の同僚からメールをもらい、その末尾に、木枯らしが吹き段々寒くなる中、北京にいる私にも手作りの暖かいクリームシチューでも届けてあげたいもの、と結んであった。おお、クリームシチューだ、久しく口にしていない、あのホワイトソースの味‼ この日、晩飯を食べに行こうと部屋を出た私の頭の中は、「クリームシチュー」の文字がグルグル渦巻き、ホワイトソースの香が鼻の奥で記憶の香を放っていた。クリームシチュー、クリームシチュー……。

今の北京、大抵のものは調達できる。いわんやクリームシチューくらい……何とかなるはず! クリームシチュー、クリームシチュー……そうだ、あの店に行ってみよう、と足を向けたのは、このところお気に入りのオープンカフェ。

早速メニューに目を走らせると……あった! 〝奶油烤雑拌《ナイヨウカオツァーパン》〟、〝奶汁烤魚《ナイチーカオユィ》〟、これは、クリームシチューとはちょっと違いそうだが、間違いなくホワイトソース系だ。多分グラタンとムニエルではないか。よしこれだ!

この日の夕食は、まさにバベットの晩餐会(イサク・ディーネセンまたはアイザック・ディネーセンの小説参照)もかくありなんと思わせるほど、至福のひと時だった。そろそろ木枯らしならぬ西北風が吹き始めた北京の夜空を、思わず見上げた。バベットの晩餐は、ここで、神の禁欲の教えに背き、食の欲望を満たしてしまったことを懺悔するとともに、至福の時を得たことに感謝するのだが、私とて人の力を超越したような温かさに、思わず感謝したくなる思いだった。たかがクリームシチューに過ぎないのだが、その温もりを示唆してくれた同僚に、そしてそれをいただくことができた幸せに、心から感謝したい、そんな敬虔な思いに浸った。

本務校から朗報が届いたのは、その翌日だった。そういえば、その朗報の主はカルビン派の敬虔なプロテスタントだった。

余墨点滴

最近の北京では、洋食系ではイタリアンが勢いをつけている。といっても、パスタやピザのレベルだが。お気に入りのカフェ「過客」(「譲座」参照)でも、供する料理はイタリアンだ。ここで、メニューに〝餛飩《ホエントエン》〟(ワンタン)と表記されたものを注文したところ、「トルテローニ」と呼ぶらしいものが出てきた。これは、実に旨かったが、「トルテローニ」と言われても実体が分からない私としては、〝餛飩〟の方が正解だった。考えてみれば、パスタもピザも、そして「トルテローニ」も、形や製法こそ異なるが、〝麵条《ミエンティアオ》〟、〝餅《ピン》〟、〝餛飩〟として中華料理の中に対応するカテゴリーを持つ。違いは、ごま油でなくオリーブ油を使うことだ。ハードルは、唯一チーズだろう。ところが、ホワイトソース、クリームシチュー系は、少し距離がありそうだ。広東系の中華料理には、白菜のクリーム煮(〝奶油白菜《ナイヨウバイツァイ》〟)もあるのに、いささか理解に苦しむところだが、北方系の人間には意外とクリーム系、ミルク系料理が苦手の人種がいる。そんな北京で、クリームシチューやグラタン系に出会えたら、それこそ神々しい。

私の彼は左利き

北京に来る際、一つだけ「隠し球」を持参した。北京では、絶対手に入るまいと見込んだからだ。それは、グローブとボール。ヒントは、『大脱走』(一九六三年、ジョン・スタージェス監督)のスティーブ・マックイーンだ。ドイツ軍捕虜収容所に収監されていた連合軍将兵の中、脱走常習者の米軍パイロット、ヒルツ大尉は、脱走が露見して独房に入れられるたび、グローブとボールを持ち込み、孤独に耐えた。北京暮らしを独房入りと同等視したわけではないが、北京で一人所在なくなった時、退屈しのぎに良いと考えたのだ。多少の運動にもなることだし。しかも、私は左利き。どう捜しても、北京では手に入るまいと踏んだのだ。

果たせるかな、北京のスポーツ用具点を見ても、そもそも野球用品はほとんど並んでいない。サッカー、バスケット、テニス、卓球、バドミントン、これらは店の中心に鎮座する。さらにジョギングシューズとか、トレーニング用品。しかし、どの店を見渡しても、左利き用どころか、右利き用のグローブもバットもない。私の読みは、見事的中、実に用意周到とほくそ笑む。そういえば、ゴルフ用品も、ショッピングモール内のスポーツ用具点や街中の運動具店では目にしない。

秋の夜長、退屈した際、マックイーンよろしく一人で壁にボールをぶつけ、はねて転がり返るボールを拾って楽しんだ。だが、翌日、一階下に居住する副主任氏が、訝《いぶか》しげな顔で訊ねる。昨晩は、何かありましたか。何だかゴトンゴトン、変な音がしましたけど、と。北京友誼賓館の五〇年代式の建築は、何でも壁で強度を取る建築方式とかで、分厚い壁で囲われている。隣の部屋は物音がまるで聞こえず、断熱性も高い。しかし、壁は下に直結しているため、音や振動はダイレクトに階下に伝わる。

　実は、これこれでボールを壁にぶつけていたと白状して許してもらったが、以後は、シャドウピッチングに方針転換するよりなかった。大体グローブとボールを持参したのだから、本来ならキャッチボールをしたいところだ。残念ながら、相手用のグローブのことまでは、考えが回らなかった。

　それでも、ボールの縫い目に指を這わせ、グローブに叩きつけるくらいなら、音も出ない。右手にはめたグローブに、ボールをパチン、パチンとぶつける。そう、私は、麻丘めぐみ風に言えば左きき、ピンクレディー流ならサウスポーなのだ。

ようやく手に馴染む頃にはもう帰国 ———

余墨点滴

二〇〇八年の北京オリンピック。野球は、中国は開催国の特権で、早々と出場資格を得た。だが、北京でキャッチボールをしたくなった時、どこで相手を捜せば良いのか。体育大学でやっていますとか、まさか、温家宝総理に申し込めなんて言うのだろうか。日本人の私たち世代は、子どもの頃から大人に教わり、自分に子どもができれば、ボールの握り方や投げ方、飛球の捕球の仕方などを教えて、これを継承した。こうして、世代間や各家庭間、地域間のコミュニケーション形成の一助ともなりえた。〝和諧社会《ホーシエショーホイ》〟（調和ある社会）の形成を掲げ、〝社区《ショーチュィ》〟として地域社会コミュニティーの再構築を模索する今日の北京に、キャッチボールは良いはずだ。

〝葱油麺〟

私の教え子で、北京で働いているYさん（「建国門外という外国」参照）には、北京で生活する上での諸々の点を教えてもらった。特に、私のその時々の調子に合わせ、好みの料理店を案内してくれる〝体貼《ティーティエ》〟（細やかに思いやる）さんには、まったく脱帽だ。そのYさんに教えられたお店に、「張群家」という蘇州料理を出す店がある。その店は、一晩に一組の客しか受けないのだが、淡泊な味付けや魚や野菜を主とした料理は、砂漠でオアシスに出会うかのような感動を与える。

その店の料理の中でも、天下一品と太鼓判を押せるのが、〝葱油麺《ツォンヨウミエン》〟だ。葱《ねぎ》を油で焙り、そのエキスが出た油を溶いたスープを麺にかけただけの単純な品だが、絶妙な味わいには、まさに舌を巻く。あまりにうまいと、Yさん（店のオーナーと友人）たちが慫慂《しょうよう》したためか、オーナーは近くに新たに〝老蘇州麺館《ラオスーチョウミエンクアン》〟という麺専門店を開いた。ちょうど北京の下町の中心、鼓楼のすぐ近くだ。先日、その新しい店で葱油麺を食べてみた。ところが、一晩一組のお店で食べるのとは若干違う。何が違うのか、仔細に観察し、舌に全神経を集中して感知し、Yさんと品評会よろしく品定めしてみた。結果、油に葱の香りが十分滲み出ていない、との見立てとなった。

　だが、もちろん、それだけ単独で食べれば、これはこれで結構いける。麺専門

前海から鼓楼へ抜ける煙袋斜街。前方の牌門を出れば地安門外大街。この一角に張群家がある ―――

店の方が、若干葱の香りが足りないのと味が濃いことくらいだ。

ところが、オーナー女史が言うには、北京では今イチ受け入れられないとか。北京の麺はコチコチだものと、そのオーナー女史。もちろん、蘇州出身だ。南方のこういう繊細な舌触りや味は、北京ではなかなかねえ〜、とも。

このところ、ようやく麺のコシに関心を払うようになった北京で、〝炸醤麺《チャーチアンミエン》〟なども、大分ましになって来た。人民共和国の〝供銷制《コンシアオチー》〟が麺をまずくさせたとは、同僚の中国人先生の弁だが、一理ありそうにも感ずる。

自由競争の導入と、本来の商売熱心さが復活し、今や北京では全国各地の麺が百花繚乱で、それぞれ味を競っている。ただし、私は今のところ、この蘇州料理店の葱油麺が、北京で一番うまい麺だと思っている。その麺専門店の方は、二番目ということにしておこう。

余墨点滴

西直門内大街の一条南側の半壁街という狭い通りに面したところに建つ福州会館。ここの福州料理は、これも砂漠でオアシスの趣だった。北京という北方系の食体系の中で、「オアシス」を感じたのは、この二箇所だった。ここの渡り蟹のおこわ蒸しに味をしめ、何度も通った。福州市の北京事務所の経営だが、その場所といい、おそらく昔の同郷会館を基盤に改築したものだろう。入り口脇には、謝冰心の題字を刻んだ石碑が建つ。

北京には、全国各省の北京事務所が開設されており、そのほとんどがホテル、レストランを開く。さらに、大きな市レベルでも、北京事務所を持つところがある。全国三〇省と大きな市級の事務所が、本場料理のレストランを設けているということは、一か月の間毎日代わる代わる中国全国の料理が、しかも地元の味で食べられる、ということになる。

人民共和国の〝供銷制〟とは、消費物資の供給と販売のこと。人民共和国では、社会主義の原則の下、数量的に充足することが優先され、物資のより高い品質の確保は二の次にされがちだった。

・・・・・・・・・・・・

〝藍調北京〟

このところ、お芝居やコンサートに行く以外の夜のお友達は、ラジオだ。特に、北京広播電台のチャンネルの一つ〝交通広播《チアオトンクアンポー》一〇三・九兆赫《チャオホー》〟(MHz)が気に入っている。一日中いろいろな番組があるが、私が愛聴するのは夜の番組。〝百姓《パイシン》TAXI〟というタクシー運転手相手の番組や、昔の事件を、「退職警官」が解き明かす〝陳風檔案《チェンフォンタンアン》〟という番組など、思わず聞き入ってしまう。〝陳風檔案〟は、建国直後の特務の潜入事件とか遠い昔の話だけでなく、一九九七年にあった投資詐欺事件なども明かされ、実に三面記事的関心を喚起する。

そういう番組の中で、内容は深夜の静かな雰囲気を漂わせながら、気の利いたバラード系の音楽を挟んで(ほとんど英語の歌だが)、ちょっと南方系の訛《なまり》のある女性パーソナリティ、または低めの声が心地よい男性パーソナリティが、ゆったり語りかける番組がある。だが、その番組名がよく分からなかった。確かに「Landiao 北京」と言っているのだが、その「Landiao」

がよく分からない。「青い」何かなのかな……と推測するばかりだった。

　ところが、先日CDやVCDを売っている音像店で、何気なくCDを眺めていて、私の目の前に啓示が訪れた。というのは大げさだが、この「Landiao」を解決してくれるCDが目に飛び込んできた。タイトルに〝藍調《ランティアオ》 Blues〟と入ったCDがあるのだ。悪いが、誰のCDで何を歌っているのかは、まったくどうでも良かった。大事なのは、〝藍調〟＝Bluesという変換だ。そうか、ブルースか。なるほど、あの番組は、「北京ブルース」なのか。

　よく分からないことは、しばしば出現する。それを、無理に分かったことにせず、分からないままにしておかないとい

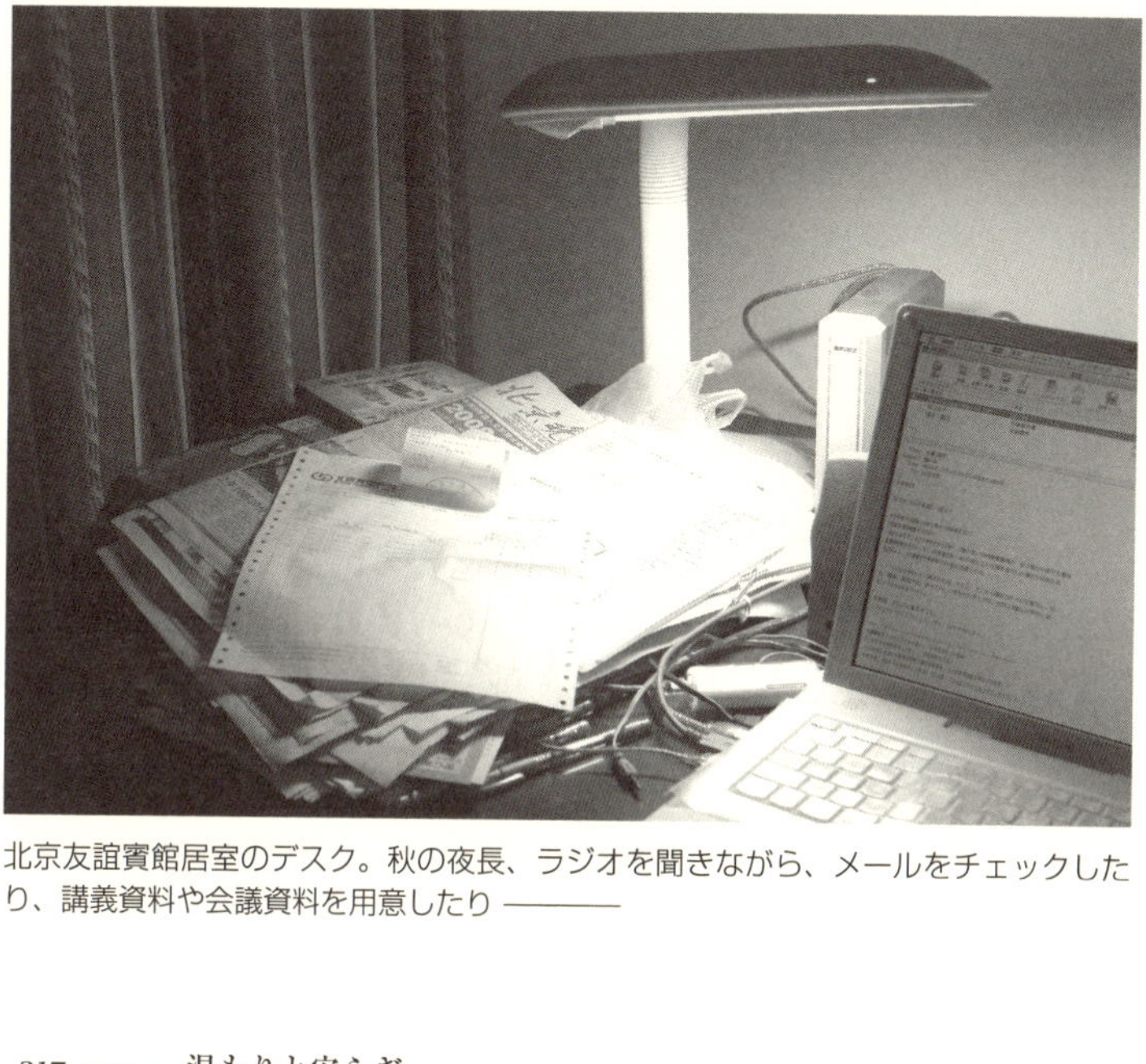

北京友誼賓館居室のデスク。秋の夜長、ラジオを聞きながら、メールをチェックしたり、講義資料や会議資料を用意したり ――――

けないと、亡き恩師に厳しく教えられた。その恩師は、「口頭禅」として「事無非学（世の中のことすべてが学問の素材となる）」とも言われた。

分からないことを、分からないままにしておかねばいけないというものの、それを放置していてはいけない。常にスタンバイの状態にしておかないと、ふっとその答えに出会った時、敏感に感応できない。だからこそ、「事無非学」なのだろうなと、また一つ分かってきた。外は、そろそろ零度の世界。暖かい部屋で、今夜も「北京ブルース」を聞きききながら深夜のひと時を過ごすとしよう。

余墨点滴

北京で聴取できるラジオ番組は、中央人民広播電台の「中国之声」「経済之声」「音楽之声」「都市之声」等々の八〜九局。北京人民広播電台では、「新聞広播」「城市管理広播」「交通広播」「音楽広播」等々九局ほどがある。北京に居住していると、どうも北京人民広播電台（北京の地方放送局）が身近に感じられて聴取することが多くなる。その中、「交通広播」は、タクシーの運転手がよく聞いていること、ディスクジョッキー的な音楽とトークを交えたプログラムが聞きやすかったこと、北京の道路交通情報を随時放送することなどで、徐々に惹き付けられていった。それ以前は、「城市管理広播」もよく聞いた。

蜜柑

もう二〇年も前になる。当時勤務していた大学の用事で、国際交流委員長と二人で北京、天津、上海等を巡った。その際、旅程半ばで、疲れが出たのか食欲がなかったことがあった。ホテルのレストランに行っても、何も食べたくない。気遣ってくれた交流委員長が、何か果物でも食べたらと勧めてくれた。そこで、服務員に求めると、ミカンしかないと言う。こうして出て来たミカンは、まるでユズかと見まごうほど固く、酸っぱい、そしてごわごわした食感の代物だった。

今の北京はどうだろう。果物は、あらゆるものがいつでも豊富に、しかも格安に手に入る。西瓜など、年がら年中。梨もプラムも、イチゴもリンゴも……それから見たこともない果物、これがとにかくいつでも山と積まれ、スーパーやくだもの屋に並ぶ。

特に、因縁のミカン。赤いネットやパックに入って、一斤（五〇〇g）四～五元（七〇円前後）で買える。日本円で一〇〇円も出せば、日本のミカンと同じような、これこそ蜜柑（みかん）と呼べる温州蜜柑が手に入るのだ。さらに、一二月以降は、これに代わって〝八卦蘆柑《パークアルーカン》〟と呼ぶオレンジ系のものが幅を利かせる。この他輸入オレンジも豊富に並び、ありとあらゆるミカンが気軽に食べられる。表の皮は薄くて剝きやすいし、中の薄皮も薄く、実にソフィストケートしたミカンばかり。かつて食べた、あのユズのように固いミカンなど、見る影もなく姿を消している。

八〇年代半ばに日本に研修に来た多くの中国人（そのほとんどがすでに教職や研究職についていた）が驚喜したのが、ミカンのおいしさと値段の安さだった。彼らは限られた生活費で、より効率的に生活せねばならなかったから、見事なくらい質素倹約だった。その中国人研修生が、顔を綻《ほころ》ばせるものがミカンと、これまた日本の物価の優等生と呼ばれるタマゴだった。何でも高い日本で、ミカンとタマゴだけは格安だ、と。

かくして、今の北京では、蜜柑は〝没問題《メイウエンティー》〟。お餅は、我が愛する人々が、日本からパックの切り餅を送ってくれる。あとは、コタツさえあれば、北京の正月気分も最高潮なのだが……。

余墨点滴

北京滞在中、同僚からメールをもらい、冬の北京は野菜不足になるから、くれぐれも気を付けてと忠言をもらった。しかし、今や北京では街のごく普通のスーパーマーケットでさえ、豊富な野菜が手に入り、果物にいたっては、それこそ年中「百果」繚乱だ。特に不思議なのは、西瓜だ。レストランなどで食事後にデザートがサービスされることが多いが、これには決まって西瓜が付く。しかも、春夏秋冬を問わずにだ。もっと上等になると、ドラゴンフルーツとか、スターフルーツ等南国系の果物が加わる。日本ではめったに口にできない南国の果物が、日本より北国である北京でいくらでも、そしてわりと安価に出回っているのだ。この他、プチトマト、あれもデザートにフルーツと一緒に供される。

一碗のタマゴかけご飯を

日本に帰ると必ず訊ねられることがある。何か食べたいものは？　である。だが、私の答えは決まっている。「一杯のタマゴかけご飯」だ。これを聞くと、家人などは「なあんだ、そんなもの？」とがっかりする。でも、今の北京で、食べられないものといったら、これが最右翼に挙がる。

もちろん、『週刊朝日』連載の東海林さだお「あれも食いたい、これも食いたい」というエッセーに、以前「卵かけご飯の美味」という回があったが、そんなややこしいことを言うのではない。

刺身も寿司も、ウナギもソバも、すき焼きも、納豆も肉じゃがも、はてはコンビニおにぎりだって今の北京では食べられる。味の良し悪しはいろいろあるし、概して中華を食べるよりは割高で、その割りに……というところはある。それでも、食べたい時に食べられないわけではない。

だが、タマゴかけご飯は、ちょっと異次元だ。北京では新鮮な卵が手に入らないかというと、そういうわけではない。スーパーで売っている卵パックには生産日が刻印され、大体一～二日前のものが入手できる。これだけ新鮮なのに、なぜ生で食べられないのか。

説は紛々。サルモネラ菌は鶏に何世代も残留するので、最近衛生的になったばかりの中国では、これがまだ残っている可能性があるとか、ほとんどの中国人が生食しないから、雑菌が混入しても放置されるとか。しかし、夏場に何度か大胆にも生で食べたことがあるが、その後は何ともない。これなら、と多寡をくくっていた。

だが、世の中甘くない。今度は、鶏インフルエンザだ。こうなると、生卵なんて、自殺行為に等しいと見なされる。我が日本学研究センターの事務主任女史、以前は看護婦さんだったので、ことのほか厳しい。先日お昼を食べに行った際も、目玉焼きがつくランチ定食を頼んだのだが、彼女は、私の分まで、目玉焼きはしっかりと焼いてねと注文してしまう。先生、鳥インフルエンザでよと、それは恐い目つきだ。

タマゴかけご飯が食べられるのなら、死んでも良いとまでは言わないが、それにしても、ああ、タマゴかけご飯……‼

余墨点滴

ここで引き合いに出した東海林さだおの『週間朝日』連載のエッセー「あれも食いたい、これも食いたい」は、二〇〇五年一一月二五日号掲載のもの。卵かけご飯用に特化されたダシや醬油等を紹介していた。東海林さだおのロングラン・エッセーは、朝日新聞社から「まるかじり」シリーズとして刊行されていて、この他にも「生卵かけゴハンの恍惚」(『東海林さだおのフルコース』〈朝日文庫、二〇〇一年〉収録)もあるが、ここで言及するのはこれではなく「美味」の方。東海林さだおは、食べ物のエッセーを書かせたら右に出るものはいないと言われるが、軽い調子で進める筆致が、外国語世界にいる人間には実に心地よく染み込む。

お腹の中は日本人

O女史が北京にやってきた。彼女は、現在は北陸地方の大学にいるが、元々東京人でもあり、扱いかねると言う人もいるが、私は何となくウマが合う。疎《うと》ましいところもあるが、どこか根っ子で繋がっていて切り離せない、そんな共有感がある。私より数年年長のこともあり、ちょうど口うるさい姉のように感じているくらいだ。そのO女史、世界漢語大会（人民大会堂で開催）の出席を兼ね、併せて大学に招聘する中国人の先生との打ち合わせの役目を負っていた。

北京日本学研究センターを案内したり、招聘する先生と一緒に食事したり、丸々半日お伴させられたが、なかなか楽しい時間だった。ところでこのO女史、人の顔を見るなり、まあ見てくれはすっかり中国人になったわね、と宣《のたま》う。のっけからの突っこみに面食らったが、実はボディー・ブローのように後でしみじみ痛感させられた。それは、最後の別れ際に彼女がこう言ったからだ。すっかり中国人みたいになったけど、お腹の中は日本人なのだから、気をつけなさいよ、と。

これはまさに至言だ。北京赴任直後、調子がつかめず、たちどころに消化不良を起こした。北京日本学研究センターでは、日本人の派遣教授と私たち長期勤務者（管理的業務）とが、大体昼食をともにとる。派遣教授の先生は、日本文学や文化の専門家で、ことばはもちろん、中国の生活に不慣れな方が多い。食事も一人で中華はままならないので、お昼は事務の日本人スタッフともども、近くの〝餐館《ツァンクアン》〟（飯屋）に食べに行く。もちろん、味の濃い北方系の中華だ。しかも、我々業務を抱えるものは、夜もお招きやら会食やらで、中華宴会食がある。これが何日か続くと、もう危ない。

特に夏場は、カラカラの暑さのため体力的にも消耗し、この時は、O女史に見抜かれたとおり、私のお腹は最悪の状態だったのだ。

日本語教育で長期に滞在しているある先生は、中国生活も豊富で、その経験から自分のペースを押し通す方だが、その彼女もこう言う。中華は一日一食、多くても二食が限度なのよね、と。

若い頃は何でもない。むしろ、お腹の中から中国人化するくらいの適応も可能だろう。三〇代の頃は、私も何ともなかった。だが、今回は、つくづく痛感させられた。五〇年間育成してきた身体は、嘘をつかない。お腹の中は日本人だ、と。

余墨点滴

「世界漢語大会」は、「世界の多元文化構造のもとでの漢語の発展」を掲げて開かれた会議。中国政府は二〇〇四年から、海外での中国語教育を強化する「漢語橋」プロジェクトを立ち上げていたが、これは「孔子学院」（中国政府が海外での中国語教育文化の普及を目指す施設）の設置の推進、「漢語水平考試（HSK）」のさらなら普及、中国語教師の育成と派遣の強化などを骨子としていた。これに基づき、世界漢語大会では孔子学院の認定校が公開され、プレートなどが授与された。

これが、せめて「魯迅学院」なら……と感じるのは、私だけだろうか。

・・・・・・・

〝喜鵲登枝〟

中国では、〝喜鵲登枝《シーチュエトンチー》〟（カササギが枝に登る）と吉祥という言い伝えがある。

北京日本学研究センターの建物の南側に、ポケットパークのようなわずかな庭がある。ここに二〇mほどの木が六、七本あり、その二本にカササギの巣がある。赴任早々、センター三階の南側廊下に、灰皿と空気清浄機を設置し、そして事務主任のはからいでソファーが置かれ、ささやかな「喫煙所」を設けた。この喫煙所が、ちょうどポケットパークに面している。

昨年四月初旬、任を引継いだばかりの頃、ここで一服していると、カラスより少し小型の黒い鳥が、この巣に出入りする。木にはまだ若葉が茂っておらず、巣は丸出しの印象だった。この鳥が、カササギかと認識するとともに、何となく観察することとなった。カササギは、ペンギンのような配色で、背中が黒く腹が白い。翼の付け根と先端が白く、尾は尾長のように長い。中国側副主任に確認したところ、まさしくカササギだ。喫煙家の彼もこの場所の愛用者だ。曰く、午前中にカササギの姿を見ると、その日は縁起がよいとか。爾来、一服の傍ら、ここでカササギの姿を認めることが、いつしか日課になっていた。

五月半ば、この巣が、騒がしくなった。どうやら雛が孵《かえ》り、くちばしを突き出して親鳥にねだっているらしい。若葉も茂り、巣の中はよく見えなくなっていた。親鳥は足繁く（羽根繁く?）巣に戻り、えさを与えているのだろう。こんなカササギの行き来を眺めることが、夏まで続いた。

その後、夏休みなどで「観察」は中断気味だったが、秋になるといつの間にか、親鳥か雛か区別が付かなくなり、数が増えたのか、頻繁に目にするようになり、関心も薄れていった。

冬になると、ギュンギュンという鳴き声は聞こえるが、あまり姿を現さない。

カササギ。鳴き声はピッポピッポよりギュンギュンと聞こえる ―――

ところが春節を過ぎ、風が温《ぬる》んでくると、再びカササギの飛び交う姿が目につきだした。

三月も半ばになると、カササギは忙しくなってきた。どうやら、新しく巣作りを始めたようで、くちばしに枝をくわえている。それがセンターの喫煙所の向かい側でも、せっせと繰り返される。前年と同じペアが入居するのか、空き家となった巣に別のつがいが入るのかは定かでない。しかし、確かに一年が経ち、また新たなサイクルが始まったのだ。

カササギが架けた橋を渡って、牽牛と織女は一年に一回の逢瀬をなすという。私も、カササギに誘われて、一年暮らした北京から日本へ帰ることにしよう。

拜拜《バイバイ》、カササギくん。

余墨点滴

大伴家持の歌とされる、次の歌が『新古今和歌集』に収められる。

かささぎの渡せる橋に置く霜の白きを見れば夜ぞ更けにける

我が国では、佐賀平野を中心としたごく狭い範囲に生息し、国の天然記念物指定とともに、一九六五年にはその県鳥となっている。欧米では、カササギ＝泥棒と連結されることが多いようで、英語のMagpieいう語は、派生語として、こそ泥とかがらくた集めも意味する。ロッシーニには*La Gazza Ladra*『泥棒かささぎ』（一八一七）と題するオペラまである。父を救おうとする小間使いのニネッタが泥棒と疑われて死刑執行寸前、銀食器を盗んだのが実はカササギだったと判明し、めでたしめでたしとなる筋立て。どうやら、カササギが巣作りに光り物を集める習性があることと関連するらしい。イタリア人には、その鳴き声が「ピッポピッポ」と聞こえるらしく、オペラの第一幕冒頭でも、村人たちがみなで「ピッポ、ピッポ」と歌うし、カササギとの接点となる召使いは、その名前までピッポという。

私の耳には、その鳴き声は「ギュンギュン」と聞こえるが、日本では「カチカチ」と聞いたらしく、このため古来戦陣に縁起がよいと考えられ「勝鴉《かちがらす》」と称されたとか。

・・・・・・・・・・

あとがき

北京をめぐる八八話をまとめて、改めて気がつく。私は、北京に三七二日間滞在したが、その中で書き綴った「通信」は、実は私には北京が肌に合わないことを確認する、そのための記録だったのではないか、と。

現在の北京は、三〇年前はおろか一〇年前と比べても、格段に国際化、近代化が進み、もはや東京と変わらぬ生活ができる。衣食住では、特に銘柄に対する拘りや執着がない限り、何も不便を感じることはないと言える。だが、それでも、あるいはそれゆえに、私にとってはどこか居心地の悪さ、しっくり馴染まない違和感が感じられてならなかった。その原因を突き止めようとする思いが、この通信を書き記した原動力の奥底に横たわっていた、と感じる。

帰国してすぐの四月初め、雨が降った。その雨が、私の心と体に驚くほどの快感を覚えさせた。四月の雨、もう寒くはなく、もちろん蒸し暑くもない。しっとり潤いのある空気と穏やかな温かさ。その雨の空気の匂いに、私は心底癒される思いがして、傘をさして嬉々として歩き回ったものだ。帰国した日本に、これほどの安堵感と潤いを覚えたこと自体驚きだったが、このことから、北京での生活に違和感が伴っていたことを痛感させられた。

雨が少ない乾燥気候、ということに止まらない。さまざまな局面で少しずつ違和感が積み重なり、そしてそれが増幅して最後まで離れなかった、と感じる。街並みや食生活、巨大な都市環境、日々動き回る膨大な数の人間、荘厳な首都の構え等々、感触としてどこか少し食い違う。その「ずれ」の隙間から馴染めないところがはみ出し、それが徐々に増大し堆積していった印象だ。繰り返し言う。不便さは、何もない。ことは、そういう次元のことではない。北京の街そのものが、私にとって「そり」が合わず、上質で快適なのに肌に合わない、そういう感覚なのだ。

世の中には、北京好きの人がいる。かつて陳舜臣は、「よそから来て北京に惚れこむこと、酔うが如し」と譬え、「北京酔い」と命名した（『北京の旅』一九七八年初版）。その後も、「北京酔い」は増殖を続け、私の周囲にも、あまたの実例が思い当たる。北京のあのパリッとした空気が好きだとか、北京人の人なつっこさが好きだとか、街のあの匂いが良いとか。だが、旧城内の胡同の中に起居すれば別だったかも知れないが、外を歩いても、何だかやたらとだだっ広いだけで、私は、少なくとも街並みに親近感は覚えなかった。人なつっこいのは、北京人に限ったことではない。本書に記すとおり、天津人も相当人が良い。

私は「北京酔い」に罹患せずにすんだ、ということか。


中国映画論が専門のある先生は、上海出身だ。すでに北京の大学を退職し、上海の住居に本拠を移したが、まだ北京に居室を持ち、両地を行き来している。その先生に、北京と上海、どちらが良いかと訊ねてみた。先生曰く、仕事は北京の方がしやすいが、生活するには断然上海だ、と。私は、上海へは何度か出かけただけだが、この先生の言には大いに共感する。

陳舜臣が「北京酔い」の代表格に挙げたのは、芥川龍之介。彼が北京を訪れた半年後、同じく上海を経て北京に来た盲目の詩人エロシェンコは、芥川とは逆に北京にまったく好感を示さなかった。エロシェンコは、北京は「砂漠にいるようにさびしい」と感じ、「死んで居るやうな」静けさだとまで述べて、東京や上海の方を上に置く。

皆が皆、北京好きになるわけではないのだ。その理由を突き止めようとする思いが、本書の縦糸をなしていることになる。

本書にたびたび登場する「副主任氏」の加藤晴子氏には、北京勤務中、さまざまな面で助力を仰いだが、今回も写真を拝借してお世話になった。記して感謝の意を表したい。また、これまたしばしば「愛弟子」として登場する鈴木直子さんからは、北京暮らしの上での数々の教示を得たが、今回も記述の遺漏の点検や事項等のチェックで一役買ってくれた。心より感謝する。二人とも、重度の「北京酔い」患者ではあるが、そのことが私には幸いした。

北京滞在の機会を与え、その上、在勤中常にサポートを惜しまなかった国際交流基金の皆さんに、厚くお礼申し上げたい。北京長期出張を許し、必要な支援を与えてくれた我が本務校文教大学関係各位、そして留守中の「穴」を埋めてくれた同僚諸氏に、心から感謝する。さらに、一年間の在勤中、不慣れな主任教授を支えてくれた北京の日中双方の同僚諸氏、物心とも後方支援を絶やすことのなかった友人や教え子の心優しき面々にも、深甚なる感謝の気持ちを表したい。本書のもととなった通信を寄稿した際、さまざまな反応を寄せてくれて、たくさんの方に励まされた。併せて感謝の念を捧げたい。

はしばしに登場するカットの図像は、本書を貫く横糸、またはもう一つのキャラクターと言うべきカササギだ。北京の風物の中で、私が親近感を抱いた筆頭に数えられる。

本書をまとめるに当たり、中国文庫船越國昭氏に大変お世話になった。氏が、この散漫な「随感」に価値を見出し、生かす道を与えてくれた。また、大修館書店黒崎昌行氏は、出版の道を切り開いてくれたばかりでなく、内容の精粗から「余墨点滴」の記述の当否まで、細かな助言を与えてくれた。お二人に深い感謝の意を表したい。慧眼を備えた編集者があってこそ著書は生きるものと、つくづく感じさせられる。

いろいろな方にお世話になり、力添えを得て本書が誕生した。それでもなお足りぬところがあるとすれば、それはすべて著者がいたらぬせいだ。読者諸氏の批正をこいねがう。

二〇〇八年六月四日

著者

[著者略歴]
白井　啓介（しらい　けいすけ）
1952年東京生まれ。東京教育大学文学部卒業。筑波大学大学院博士課程文芸言語研究科中退。愛知大学助教授を経て，現在文教大学文学部・大学院言語文化研究科教授。
専攻は，中国近現代文学（戯曲文学），中国映画史。著訳書に，『火種―中国現代文芸アンソロジー』（共編訳，凱風社，1989年），『アジア映画小事典』（共著，三一書房，1995年），『中国語学習ハンドブック』（共著，大修館書店，1988年初版，1996年改訂版），『クラウン中日辞典』（共編著，三省堂，2001年初版）等。中国映画の字幕翻訳も多数。

北京閑話《ぺきんかんわ》――人《ひと》・もの・街《まち》の88話《わ》

NDC 380/xii, 233p/19cm

初版第1刷――2008年7月10日

著者――白井啓介《しらいけいすけ》
発行者――鈴木一行
発行所――株式会社大修館書店
〒101-8466　東京都千代田区神田錦町3-24
電話 03-3295-6231（販売部）03-3294-2352（編集部）
振替 00190-7-40504
[出版情報] http://www.taishukan.co.jp

装丁者――クリヤ セイジ
編集協力――中国文庫株式会社
印刷所――広研印刷
製本所――三水舎

ISBN978-4-469-23249-3　Printed in Japan